PARIS,

SES ÉGLISES, SES PALAIS, SES PONTS, SES PLACES,

SES MARCHÉS, ETC.

IMPRIMÉ CHEZ PAUL RENOUARD,
rue Garancière, n. 5.

LES PRINCIPAUX
MONUMENTS, PALAIS,

MAISONS DE PARIS,

Par MM. CLÉMENCE NORMAND père et fils,
Architectes.

DEUXIÈME EDITION.

(Entrée des Champs-Élysées. — Avenue Gabrielle.)

PARIS. — A LA LIBRAIRIE, RUE THÉRÈSE, 11,
PRÈS LE PALAIS-ROYAL.

1845

TABLE DES MATIÈRES.

ENVIRONS DE PARIS.

Les numéros 17, 18, 22, 23, 49, 50, 51, 70, 71, 74, 81, 82, 83, 84 sont représentés par les trois planches in-4º isolées, par le cul-de-lampe du titre, par le château de Meudon, les bois placés dans le texte et la couverture en taille-douce.

PARIS

SES ÉGLISES. — SES PALAIS. — SES PONTS. — SES PLACES. — SES MARCHÉS, ETC.

I.

ÉGLISES.

Les *églises* sont, de tous les monumens publics, ceux qui attestent le plus sûrement l'état de l'art à l'époque de leur construction ; le goût et les connaissances du peuple ou des rois qui les érigèrent, l'opulence et le degré d'industrie du siècle qui les vit achever.

Il est facile de distinguer dans les principales églises de Paris quatre ou cinq époques au plus, différentes et bien remarquables par le genre d'architecture alors en usage. — Le premier de ces genres est *l'ancien gothique* ; c'est celui dont les églises de Notre-Dame, de Saint-Étienne-du-Mont, etc., nous donnent l'exemple. — Saint-Eustache peut être considéré comme le *passage du gothique à la renaissance des arts.* — Nous appellerons style moderne celui de toutes les églises du siècle de Louis XIV, et que l'on a souvent aussi désigné sous le nom d'architecture française.

Les églises conventuelles de l'Assomption, de Sainte-Marie, Saint-Antoine, du Val-de-Grâce, de la Sorbonne, des Invalides sont des exemples de ce genre.

Le siècle de Louis XV et de Louis XVI offre, dans les églises de Sainte-Geneviève, de la nouvelle Madeleine, de Saint-Roch, dans les portails des églises de Saint-Sulpice et de Saint-Eustache, les marques de longs efforts pour revenir au *goût des anciens Romains,* et à un style de décoration plus grand, plus imposant, plus grave et moins chargé de détails mesquins.

Enfin on peut prendre une légère idée de *l'ancien style grec* et de l'ordonnance dorique de ce peuple, dans le petit portail intérieur de l'hospice de la Charité, et dans celui de l'Hôtel-Dieu sur le parvis de Notre-Dame.

NOTRE-DAME,

Église métropolitaine.

On attribue la première fondation d'une église de Notre-Dame, en la cité, au fils de Clovis, Childebert Ier, qui l'aurait, dans cette supposition, érigée vers l'an 522.

Les fondations de l'église aujourd'hui existante furent jetées l'an 1010, sous le règne du roi Robert, qui succéda à Hugues Capet, son père.

Philippe-Auguste fit continuer cette construction sous l'épiscopat de Maurice de Sully, soixante-dixième évêque de Paris.

L'ouvrage était avancé, lorsque la première pierre fut posée par le pape Alexandre III, alors réfugié en France.

Le portail et la chapelle du côté du nord ne furent achevés que dans le xive siècle, cet édifice est un des plus beaux et des plus considérables de la chrétienté.

La forme du plan est une croix latine, dont les principales dimensions dans œuvre sont, pour la longueur, soixante-cinq toises : pour la largeur, vingt-quatre ; la hauteur, sous-clef de voûte, dix-sept toises deux pieds. La hauteur des tours est de trente-quatre toises, ou deux cent quatre pieds.

Elles sont carrées, et ont quarante pieds sur chaque face. L'intervalle qui les sépare étant égal à leur diamètre, il en résulte que la façade entière du portail est de cent vingt pieds.

On compte dans cette église cent vingt gros piliers, et cent huit colonnes, chacune d'un seul bloc.

Les sculptures, placées dans les voussures ogives des trois portes occidentales, ont rapport au Nouveau-Testament, et ont souffert beaucoup de dégradations.

Les sculptures du portail septentrional, du côté du cloître, représentent plusieurs traits de l'histoire de la Vierge, depuis la naissance de J.-C. jusqu'à l'apothéose de la sainte.

La charpente de cette église est en bois de châtaigner, dont on faisait beaucoup d'usage autrefois pour ces sortes de monumens. Elle a trente pieds d'élévation ; la base de son triangle est de trente-sept pieds, et sa longueur de trois cent cinquante-six pieds, sur une largeur de cinquante-trois pieds, prise dans les bras de la croisée.

Les anciens vitraux peints avec beaucoup d'art ont été réparés, en 1752, par Pierre Leviel, vitrier, auteur d'un traité sur ce genre de peinture, dont il a recherché les divers procédés que l'on croyait perdus.

SAINT-GERMAIN-L'AUXERROIS,

Devant le Louvre.

Saint-Vincent, qui depuis a pris le nom de Saint-Germain, évêque d'Auxerre, offre le bel exemple d'un portique ouvert, particularité assez rare à l'époque de sa construction. C'est encore à Childebert et à Ultrogothe, son épouse, qu'on doit la fondation de cette église.

On ne sait pas précisément en quel temps elle changea de nom ; mais dès l'an 885, elle s'appelait Saint-Germain-le-Rond.

Cette église qui portait le titre de paroisse dès le vi^e siècle, fut pillée et ruinée par les Normands, et rebâtie par le roi Robert.

De 1607 à 1623, l'église a reçu de grands embellissemens dans l'intérieur, en menuiseries, peintures, bronzes, marbres précieux et dorures ; un autel magnifique orné de six colonnes de porphyre enceint d'une balustrade de marbre blanc et cuivre, etc.

On a long-temps projeté de bâtir un nouveau portail à cette église dont la façade eût fait le fond de la place du Palais du Louvre. Mais la place tôt ou tard ainsi limitée, n'offrant pas une étendue proportionnée à celle de la colonnade, sera agrandie en profondeur, et l'église sera démolie.

La rue projetée par Perrault sur l'axe du Louvre, et se prolongeant jusqu'à la porte Saint-Antoine, doit aussi être ouverte, pour donner de ce côté des abords convenables au plus beau Palais de l'Europe.

SAINT-ETIENNE-DU-MONT,

Rue de la Montagne Sainte-Geneviève.

Cette église fut bâtie peu après le règne de Clovis, et subsista jusqu'au temps de François Ier, qui la fit reconstruire avec magnificence; mais son portail ne fut érigé qu'en 1600. La reine Marguerite de Valois, première femme de Henri IV, en posa la première pierre.

L'architecture de Saint-Etienne-du-Mont a joui d'une très grande réputation; la coupe extraordinaire et très adroite de son jubé en pierre, et les deux escaliers qui y conduisent, y a toujours attiré la foule des curieux; il est orné de figures sculptées par Biard père.

On peut y admirer encore une chaire à prêcher, sculptée en bois, d'un dessin mâle et fier, et d'une belle exécution, par Claude L'Estocard, sur les dessins de Laurent de Lahire, habile peintre.

SAINTE-CHAPELLE,

Près le Palais de Justice, quartier de la Cité.

Fondée par le roi Robert, fils de Hugues Capet, la Sainte-Chapelle ne fut d'abord qu'un simple oratoire pour les chevaliers de l'ordre de Notre-Dame de l'Etoile; Louis VI, dit le Gros, ajouta à cette fondation; Philippe-Auguste, à ce qu'il paraît, commença sa reconstruction; mais ce fut saint Louis qui la rebâtit en entier dans sa forme actuelle, en 1245. Elle fut érigée sur le dessin de Pierre de Montreuil, célèbre architecte.

Cette chapelle est à deux étages; le bas servait de paroisse pour les habitans de la cour du Palais. Elle est travaillée, avec toute la délicatesse d'une châsse, en orfévrerie. C'est l'édifice le plus précieusement exécuté de tous ceux de ce genre à Paris. Les peintures des vitraux sont aussi très belles.

SAINT-GERVAIS ET SAINT-PROTAIS,

Rue François-Miron, près la Grève.

Cette église existait déjà dans le vi^e siècle, au bourg dit de la Grève; elle a été rebâtie en 1212, et de nouveau restaurée et agrandie en 1581; ses voûtes sont hardies et d'une grande élévation; les nervures en sont doubles et croisées avec art : plusieurs soutiennent des clefs pendantes, enrichies d'ornemens divers.

Le portail, dont la première pierre a été posée en 1616, par Louis XIII, achevé en cinq années, a été érigé sur les dessins de J. Debrosses, architecte du palais du Luxembourg, ce portail est d'un style correct, et d'un caractère mâle et soutenu.

SAINT-EUSTACHE,

Rue du Jour.

Ce fut le 19 août 1532, que le prévôt de Paris, Jean de Labarre, posa la première pierre de la nouvelle église de Saint-Eustache; elle ne fut achevée qu'en 1642, par la protection du chancelier Séguier, et de C. de Bullion, surintendant des finances. Cette grande composition mérite l'indulgence des critiques, et doit être considérée comme un des premiers efforts faits par le génie pour s'affranchir du système de décorations alors en vigueur, et des préjugés du siècle, en ramenant l'architecture à ce grandiose et cette noble simplicité que nous admirons dans les édifices des anciens.

L'ASSOMPTION,

Rue Saint-Honoré.

Les travaux furent commencés en 1670, et achevés six ans après ; ce monument a la forme d'un dôme, surmonté d'une calotte sphérique de 62 pieds de diamètre ; il est orné intérieurement de beaux caissons dorés et de peintures, par Charles de Lafosse.

La décoration extérieure de ce dôme est large, simple, et d'un style convenable à la destination de l'édifice.

Cette église, momentanément la paroisse du palais des Tuileries, est quoique petite, un des plus beaux édifices religieux de Paris, des plus dignes de l'attention des amateurs de la belle architecture, et suffit pour la gloire d'Errard.

SAINT-PAUL ET SAINT-LOUIS,

Rue Saint-Antoine.

Église riche et belle, bâtie des libéralités de Louis XIII, qui en posa la première pierre en 1627 ; elle fut achevée en 1641.

Le magnifique portail, dont l'élévation est de 24 toises, est décoré de trois ordres d'architecture l'un sur l'autre, savoir deux corinthiens et un composite ; il est dû à la munificence du cardinal de Richelieu, en 1634. La grandeur de l'échelle de ce portail, la beauté de son exécution, le caractère mâle, et la finesse des ordres d'architecture qui le décorent, ainsi que le bon goût de la plus grande partie des ornemens, doivent le faire considérer comme un

des plus remarquables et des plus magnifiques de cette ville.

LA VISITATION DE SAINTE MARIE,

Rue Saint-Antoine.

Cette petite rotonde est célèbre par le nom de François Mansard, qui la bâtit en 1632 pour les filles religieuses de la Visitation.

L'ensemble de cet édifice est agréable, et l'on trouve dans son joli plan l'idée première du dôme des Invalides, idée que Jules Hardouin Mansard, neveu de celui-ci, agrandit et perfectionna beaucoup pour produire son chef-d'œuvre plus de 40 ans après. Cette église est l'une des deux consacrées à l'exercice du culte des protestans réformés.

VAL-DE-GRACE,

Rue du Faubourg-Saint-Jacques.

Après la mort de Louis XIII, la reine Anne d'Autriche, devenue régente et maîtresse du royaume, voulut rebâtir avec magnificence l'église et le monastère, en accomplissement du vœu qu'elle avait fait d'ériger un temple superbe, si, après une longue stérilité, Dieu accordait un fils à ses prières. Et ce fut ce fils, le jeune roi Louis XIV, qui, le 1er avril 1645, posa la première pierre de l'église dans le plus grand apparcil et avec toutes les cérémonies d'usage ; le monument est en général exécuté avec beaucoup de précision et de soin ; la cour est d'une bonne proportion, le portail, élevé sur un perron, est assez gracieux, plusieurs de ses parties sont bien ajustées et d'un beau style ; la sculpture de l'intérieur est très délicate et très achevée (elle est des frères Angier). Partout on a déployé la plus grande magnificence, et rien n'est épargné, pavement en marbre, peintures, dorures, riches accessoires de toute espèce y brillent de l'éclat des matières et du fini d'une belle exécution.

Le baldaquin du maître-autel, décoré de six colonnes torses en marbre revêtu de bronze, est du dessin de Gabriel le Duc, et fait à l'imitation de celui de Saint-Pierre de Rome, ce qui fut ensuite répété dans toutes les églises où l'on voulut déployer une grande richesse de décoration.

La gravité et la noblesse de l'architecture, la beauté de ses proportions, ainsi que l'emploi sage et judicieux de ses ornemens, donnent à l'intérieur de cette église un caractère de dignité et de grandeur bien convenable à sa destination, et lui assignent le premier rang entre les édifices de ce genre.

SORBONNE ,

Rue de Sorbonne.

La première pierre de cette église fut posée en mai 1650; elle ne fut finie qu'en 1663.

Le portail du côté de la place est décoré de deux ordres l'un sur l'autre, d'une belle exécution, et assez semblables, pour la masse, à celui du Val-de-Grâce; tous deux sont dans le système de l'architecture italienne moderne.

Le portail du côté de la cour n'a qu'un seul ordre de dix colonnes isolées, élevé sur un perron d'environ dix marches, et couronné d'un fronton, à l'imitation des anciens, et, à quelques égards, suivant le système du portique du Panthéon de Rome, à l'exception du portique du côté de la cour; il y a plus de richesse que de vraie beauté dans tout cet ensemble.

INVALIDES ,

Hôtel des Invalides.

L'église et principalement le dôme des Invalides sont regardés comme un des chefs-d'œuvre de l'architecture française. Ce dôme ne fut achevé qu'en 1706, après trente années de travail.

La magnificence de Louis XIV se déploya dans cet édifice, que l'on cite après Saint-Pierre de Rome.

Un plan ingénieux, un aspect grand et magnifique, une exécution très finie, une grande richesse, et l'emploi des plus habiles artistes du siècle dernier, ont placé ce monument au premier rang parmi nos chefs-d'œuvre; la blancheur de la pierre, la quantité et le fini des ornemens de sculpture, les peintures du dôme, le pavement de marbre, et le riche baldaquin de l'autel, modèle de celui qui devait s'exécuter en bronze doré, attirent surtout les regards des étrangers.

La disposition du plan est ingénieuse, et l'effet des quatre chapelles que l'on aperçoit du centre est séduisant; la position de l'autel dans le sanctuaire élevé, pratiqué entre le dôme et l'église, a quelque chose de magique et d'extraordinaire.

La réputation des peintures du dôme est répandue dans toute l'Europe; plusieurs grands peintres ont concouru à ce travail immense. Charles Delafosse a peint la coupole principale et les quatre évangélistes; les douze apôtres sont de J.

Jouvenet ; on doit au pinceau des Boullogne les chapelles de Saint-Jérôme , Saint-Ambroise et Saint-Augustin , où est représentée l'histoire des Pères de l'Eglise.

PANTHÉON ,

Eglise Sainte-Geneviève, quartier Saint-Jacques.

La construction de ce monument fut commencée sous le règne de Louis XV, en 1757, sur les dessins et sous la conduite de J. G. Soufflot , architecte. Le roi en posa la première pierre le 6 septembre 1764. Soufflot, qui venait d'étudier en Italie , changea dans la disposition générale et dans l'ordonnance de cet édifice , le système d'architecture alors en usage à Paris.

Si nous fixons nos regards sur le portail, nous trouvons un parti noble et grand ; un seul ordre couronné d'un fronton d'une grande proportion rappelle à l'amateur des arts le portique du Panthéon de Rome , dont Soufflot a eu le dessein de produire une belle imitation sur une plus grande échelle.

SAINT-ROCH ,

Rue Saint-Honoré.

En 1653, l'église actuelle fut commencée à bâtir sur les dessins de J. Lemercier, alors premier architecte du roi Louis XIV, qui en posa la première pierre.

La première pierre du portail fut posée le 1er mars 1736 : une heureuse disposition du terrain a obligé d'y placer un grand nombre de marches , ce qui produit un bon effet , et annonce dignement un édifice sacré. Ce portail , assez purement

exécuté , a eu beaucoup de réputation, c'est une décoration en bas-relief, composée de deux ordres dorique et corinthien.

SAINT-SULPICE ,

Place Saint-Sulpice.

La nouvelle église de Saint-Sulpice fut commencée en 1646, sur les dessins de Louis Levau , et la première pierre posée, le 20 février de la même année, par la reine Anne d'Autriche , alors régente du royaume.

Le portail de l'église, commencé en 1733, est d'un autre style ; il est du célèbre chevalier Servandoni, et ses grandes proportions, la hardiesse de la composition, les grands effets qu'il produit, tout décèle le génie de ce décorateur fécond.

La direction des ordres dorique et ionique de ce portail, dont les entablemens suivent toute l'étendue de la façade , sur une longueur de 384 pieds sans aucun ressaut, sont un de ces traits hardis qui caractérisent la grande manière de Servandoni.

ÉGLISE LUTHÉRIENNE DE PARIS ,

Rue des Billettes.

Cette église autrefois dépendante des Carmes-Billettes, et vendue avec les bâtimens adjacens, a été achetée par la ville de Paris en 1808 , et appropriée à sa nouvelle destination.

Le plan simple et bien ordonné de cette église rappelle la belle disposition de celui de l'Annonciation à Florence, et le cœur circulaire produit un bel effet. L'élévation offre peu d'intérêt ; mais la distribution et la bonne tenue de ce petit édifice méritent à tous égards de fixer l'attention.

L'analyse succincte que nous venons de donner ne rend point compte de toutes les églises qui sont aujourd'hui au nombre de trente-sept à Paris ; celles que nous passons sous silence ne nous ont paru dignes d'une mention particulière, ni sous le rapport de l'art, ni sous le rapport de leur histoire.

L'église de la *Madeleine* dont la planche n'existe point, isolée, est digne sous le rapport de l'architecture et des décorations intérieures d'attirer l'attention des amis des arts ; sa façade apparaît dans notre vue de la place de la Concorde.

II.

PALAIS.

Après les édifices sacrés, les palais sont en général les ouvrages où l'architecture déploie ses plus grands moyens, où la puissance et le goût des nations se développent avec le plus d'avantage.

C'est aussi dans ce genre d'édifices, que se montrent mieux les mœurs et les usages des peuples. Les habitations des grands et des riches portent dans chaque pays, le caractère des institutions politiques qui y dominent ; selon le plus ou le moins de degrés qu'elles établissent dans la répartition des fortunes, selon le plus ou le moins de faste ou de réserve qu'elles commandent dans l'emploi des richesses, l'architecture étale ou resserre ses créations.

Malgré tout ce qu'a tenté et exécuté, en fait de palais, la magnificence des souverains, il paraît bien décidé aujourd'hui que le Louvre, considéré en lui-même, et considéré surtout dans sa réunion avec les Tuileries, forme le plus riche et le plus grand ensemble qu'on voie, non-seulement en France, mais encore dans le reste de l'Europe.

PALAIS DES TUILERIES.

En 1564, Catherine de Médicis fit commencer le bâtiment des Tuileries, par les deux plus célèbres architectes de ce temps, Philibert De Lorme et Jean Bullant, elle n'en acheva que le gros pavillon du milieu, les deux ailes contiguës formant aujourd'hui galerie et terrasse sur le jardin, et les deux corps de bâtiment, ou pavillon, qui viennent immédiatement après.

Les constructions abandonnées par Catherine de Médicis, furent continuées sous Henri IV. Ducerceau et Dupéral qui en furent successivement chargés ne se firent point de scrupule de changer l'ordonnance et la décoration des premiers architectes.

Après une nouvelle interruption, les travaux furent repris et achevés sous Louis XIII.

Un pareil historique suffit pour expliquer cette extraordinaire multiplicité de parties, de masses et d'ordonnances, dont se compose, tant sur la face du jardin, que sur celle de la cour du Carrousel, la masse totale du palais des Tuileries. On y compte effectivement cinq espèces de dispositions et de décorations, cinq sortes de combles différens.

Façade du côté du jardin. La décoration extérieure des Tuileries présente au moins deux styles d'architecture bien distincts ; celui du palais primitif, ou de Médicis, et celui des deux corps de bâtimens et des pavillons ajoutés de chaque côté ; le développement de cette façade est de 168 toises : une heureuse circonstance ramena ce palais après coup à une intention générale ; Louis XIV voulant enfin mettre de l'ensemble dans ses parties différentes, le Veau, et Dorbay, son élève, qu'on lui associa, furent chargés de ce raccordement. Ils visèrent d'abord à ramener toutes les masses discordantes de ces bâtimens, à une ligne d'entablement à-peu-près uniforme, moyen principal de redonner une apparence d'unité à des parties détachées et sans accord. Ils y parvinrent encore en assujettissant les croisées et les trumeaux, les pleins et les vides de toute la façade, à une disposition régulière.

La partie du milieu est la plus heureuse de cette restauration. Il y règne un accord de lignes bien entendu, et la variété des masses, des retraits et des saillies qu'on y observe, semble y être moins l'effet d'un raccordement fait après coup que celui d'une combinaison originelle.

Façade de la cour. Le pavillon du milieu, considéré soit sur la cour, soit sur le jardin, est le morceau le plus riche de toute cette façade.

Intérieur des Tuileries. La décoration des grands appartemens des Tuileries, appartient, en grande partie, au règne de Louis XIV.

La balustrade des rampes du grand escalier offre des couleuvres entrelacées dans des lyres, sous des têtes de soleil, emblèmes de Louis XIV et de Colbert. Le vestibule d'entrée est décoré de colonnes ioniques cannelées, avec des arcades à jour sur le jardin : il communique, du côté du couchant, à deux galeries ouvertes, et ornées de statues antiques sur la face des parterres.

La galerie à droite donne entrée à la chapelle basse, et celle à gauche, au petit escalier de service qui dégage les appartemens d'habitation du roi.

On trouve, à la hauteur du premier palier du grand escalier, la salle des Cent-Suisses décorée, dans le fond, de quatre colonnes doriques avec deux statues assises en avant, qui représentent le silence, et deux autres debout, dans le fond, représentant les chanceliers d'Aguesseau et Lhospital. On monte dans cette salle par une révolution d'escalier entre les colonnes du milieu, au salon de la chapelle, qui, avec la petite pièce en avant, a servi pendant long-temps au Conseil d'Etat. Cette salle est décorée de pilastres et de colonnes en stuc avec un plafond à voussures peint par Gérard. Le sujet principal représente l'entrée de Henri IV dans Paris. La chapelle ornée de deux ordres de colonnes doriques en pierre et en stuc, forme des tribunes sur trois faces au premier étage : la tribune du roi opposée à l'autel, est décorée d'un pavé en compartiment de marbre et de mosaïque.

La salle de spectacle est décorée

d'un rang de colonnes ioniques, supportant quatre arcs doubleaux, sur lesquels s'appuie une voûte en calotte, avec cul de four dans la partie opposée à la scène. La loge du roi occupe le milieu, avec deux amphithéâtres, en forme de corbeille, pour les femmes, à droite et à gauche.

Le pavillon Marsan, contient deux grands appartemens complets, l'un au rez-de-chaussée, et l'autre au premier.

L'aile neuve ensuite jusqu'à la grille du palais, sert à la trésorerie, aux bureaux du trésor, au gouverneur du château, à la conciergerie, et aux personnes attachées à ces différens services.

La galerie du premier étage a été récemment faite.

Retournant au grand escalier à gauche, on entre d'abord dans la salle des maréchaux, qui occupe la totalité du pavillon du milieu.

Cette salle renferme une suite de portraits en pied des maréchaux de France, et plusieurs bustes de généraux français morts sur le champ de bataille.

La première pièce à la suite de la salle des maréchaux, est le salon des nobles, primitivement la salle des gardes.

Le salon de la Paix est maintenant ainsi nommé à cause de la riche statue en argent que l'on voit en face de la cheminée. Le plafond peint en 1668, par Nicolas Loir, est d'une grande richesse et d'une composition agréable.

La salle du Trône, autrefois la chambre du Roi, est éclairée de trois croisées sur la cour. La pièce est décorée par des tentures en tapisseries de la manufacture des Gobelins. On remarque pour sujet principal dans le plafond, qui est de

Bartholet Flamael, la Religion protégeant la France, avec les attributs qui caractérisent le royaume et son souverain.

Le cabinet du roi, après la salle du trône, est riche et d'un bel effet.

La galerie de Diane, qui servait autrefois à la réception des ambassadeurs, a été remise à neuf, en 1810, après avoir essuyé les dégradations du temps et celles que des arrangemens de circonstances avaient entraînées. Des glaces en face des croisées et aux deux extrémités de la galerie, en augmentent à l'œil l'étendue et la richesse par la répétition des objets dont elle est ornée.

L'appartement de service est immédiatement derrière la galerie de Diane et les salles qui terminent le grand appartement; son entrée est par le grand escalier, près du pavillon de Flore. Une antichambre servant de salle des gardes, deux salons, le cabinet particulier du roi, un second cabinet, la chambre à coucher et un cabinet de toilette avec ses dépendances composent l'habitation particulière du roi.

La chambre à coucher ancienne a été changée. Elle se trouve agrandie et disposée de manière à s'accorder convenablement avec les pièces qui la précèdent.

L'ancien appartement de la reine, au rez-de-chaussée, la salle à manger, la salle de concert, le salon des Grâces, et la salle de billard qui précède, offrent une suite d'ornemens agréables et d'un goût recherché.

Galerie du bord de l'eau. Elle lie le Louvre aux Tuileries en prolongeant la Seine, sur une étendue de 222 toises.

Les parties détachées du Louvre du côté de la rivière, qui avaient été constraites sous Henri II, Charles IX, et Marie de Médicis, firent naître à Henri IV l'idée d'une communication entre ce palais et les Tuileries; et pour l'effectuer, il ordonna la construction d'une galerie couverte, qui fut terminée sous Louis XIV.

Cette galerie présente aussi un assortiment de plusieurs styles d'architecture, qui peuvent également se réduire à deux principaux.

L'œil est moins frappé ici qu'aux Tuileries de l'incohérence des deux architectures; d'abord parce qu'il peut difficilement embrasser dans son entier cette immense façade; puis, parce que l'unité de la ligne générale de hauteur et d'entablement, et celle qui règne dans la distribution des frontons qui couronnent l'édifice, corrigent, du moins, jusqu'à un certain point, la dissonnance des deux styles d'architecture que l'on aperçoit au-dessous.

PALAIS DU LOUVRE.

L'époque de la première construction de ce palais est assez incertaine. Le Louvre alors touchait aux murs de la ville, et le terrain qu'il occupait avait 60 toises de longueur sur 58 de largeur.

Il paraît que toutes ces bâtisses étaient en très mauvais état dès le commencement du xvie siècle; car on lit que François Ier, pour loger au Louvre, Charles-Quint, en 1529, fut obligé d'y faire faire des réparations considérables. Ce fut, en effet, sur les projets de Pierre Lescot, que fut commencé le nouveau palais, qu'on a appelé le Vieux-Louvre, pour le distinguer des constructions nouvelles.

Façades extérieures du Louvre, Colonnade: commencée sur les dessins de Claude Perrault, elle fut poursuivie sans interruption et achevée en 1670, elle consiste en trois avant-corps unis entre eux par deux péristyles. Elle a 176 mètres de longueur (87 toises et demie), sa principale porte est dans l'avant-corps du milieu. Les péristyles sont composés de colonnes accouplées, d'ordre corinthien, placées au premier étage.

La colonnade du Louvre est imposante par son développement, mais elle le serait encore davantage, si le pavillon du milieu ne divisait pas mal-à-propos la ligne des colonnes. Malgré des défauts bien réels, ce morceau restera toujours comme un des plus beaux produits de l'architecture moderne, et offrira l'aspect du plus magnifique de tous les palais. L'ordre corinthien qui compose cette colonnade est d'une admirable proportion. On ne peut se lasser d'y louer la beauté, l'élégance et la pureté des détails, le choix et la belle exécution des ornemens. C'est un ouvrage classique en France.

Le tympan du fronton de cette colonnade est orné d'un beau bas-relief de 74 pieds de long exécuté par M. Lemot. Les quatorze figures qui le composent, ont 9 pieds et demi de proportion. Elles représentent les Muses qui viennent rendre hommage au souverain, chacune est caractérisée par ses attributs particuliers.

Le bas-relief sculpté au-dessus de la grande porte est de M. Cartellier, et représente une renommée qui distribue des couronnes.

La façade du côté de la rivière due à Perrault, se compose d'un soubassement, semblable à celui de la colonnade, sur lequel s'élève, entre les croisées du premier étage et de l'attique, une ordonnance unique de pilastres corinthiens. Cette décoration est parfaitement d'accord avec celle du frontispice, tant par l'ordre que par l'entablement et par tous les détails.

Le bas-relief qui décore le fronton du côté de la rivière, est de M. Fortin, et représente deux Muses, portant les attributs des sciences et des arts, qui s'appuient sur les armoiries de la France.

Façade du côté de la rue Saint-Honoré. La façade extérieure du Louvre, opposée à celle de la rivière, a été commencée par le Mercier, qui éleva la partie attenante à ce qu'on appelle encore le vieux Louvre. Elle se compose d'un soubassement, d'un premier étage, décoré de belles croisées à consoles, et d'un attique au-dessus, séparé par un bandeau. Cette façade, assez irrégulière par les différens avant-corps dont elle se compose, offre cependant une belle entrée à la cour du Louvre du côté de la rue du Coq. Le fronton est décoré d'un bas-relief, par M. Montpellier, représentant un trophée d'armes de différentes espèces.

Façade du côté des Tuileries. Les deux genres différens d'architecture dont elle se compose, semblent prouver qu'elle a subi le sort de tant d'autres parties de l'édifice, et que plusieurs architectes y ont eu part. Elle est la moins remarquable.

PALAIS DU LUXEMBOURG.

L'hôtel du Luxembourg tombait en ruines : la reine Marie de Médicis en fit l'acquisition, en 1612, moyennant la somme de 90,000 liv. L'année suivante, elle acheta la ferme de l'Hôtel-Dieu, contenant 7 arpens; elle y joignit encore le ter-

rain de quelques autres maisons particulières, formant plus de 25 arpens; enfin elle se fit céder plusieurs parties du clos de vignerie qui appartenait aux Chartreux. Ce fut sur ce vaste emplacement qu'elle fit élever par Desbrosses, son architecte, le palais dont nous donnons les plans et les élévations. Il occupe à Paris le premier rang après le palais du Louvre. Il aura toujours sur celui-ci l'avantage d'avoir été conçu et exécuté par le même architecte.

En exceptant les palais des souverains, on n'en citerait guère en Europe qui réunissent à plus de grandeur, un ensemble plus achevé.

Le plan du palais présente une étendue de 60 toises en longueur, et de 50 toises sur les deux moindres côtés, qui sont ceux des façades sur la rue de Tournon et sur le jardin.

La simplicité du plan répond à sa régularité. Il consiste en une seule et vaste cour environnée de portiques, et flanquée de quatre corps de bâtimens qu'on appelle pavillons : simplicité dans les lignes et régularité dans les masses, tel est son caractère. Desbrosses a su en tirer un parti assez heureux dans la composition de son palais. L'élévation mérite sans doute des éloges : on n'en citerait point de plus pittoresque et en même temps de plus symétrique dans les masses.

Le mérite particulier de la façade sur la rue de Tournon, consiste dans la disposition des deux pavillons, et de la coupole qui s'élève au-dessus de la porte; dans l'accord heureux de ces masses pyramidales, dans la manière dont elles sont liées par les deux terrasses, et dans les rapports d'ordonnance qui existent entre toutes ces parties.

Toute l'ordonnance des élévations

du palais est conçue dans le système le plus régulier. Il n'y a point de partie qui ne corresponde exactement à une autre. Au rez-de-chaussée règne tout à l'entour, dehors comme dedans, un ordre prétendu toscan, ajusté par colonnes ou pilastres accouplés, produisant ressauts sur tous les trumeaux.

Le premier étage, en tout conforme au rez-de-chaussée pour la disposition, est orné, dans le même style, d'un ordre dorique, également accouplé et ressauté sur les trumeaux, et d'un rang de croisées carrées avec chambranles.

Le style de bossages est ce qui frappe le plus dans la décoration de ce palais. Tous les murs, tous les ordres et tous les étages en sont couverts : ce goût a dominé autrefois dans l'architecture florentine.

Le jardin est aujourd'hui une des plus agréables et des plus fréquentées de nos promenades publiques. En corrigeant, aussi bien qu'on le pouvait, la différence des niveaux, par une ligne de pente à-peu-près uniforme, on a ouvert devant le palais un vaste parterre, orné d'une belle pièce d'eau, à travers lequel la vue s'étend sans obstacle jusqu'à l'Observatoire. Une magnifique avenue conduit à cet établissement, et paraît le lier au Luxembourg.

Les statues qui servent à la décoration de ce jardin sont antiques pour la plupart ; elles ont été restaurées avec soin, et, dans cet état, elles offrent encore de belles parties à l'étude.

PALAIS BOURBON,
CHAMBRE DES DÉPUTÉS.

Ce palais doit sa première construction à Louise-Françoise, duchesse douairière de Bourbon. C'est en 1722 qu'il s'éleva sur les dessins de Girardini, architecte italien.

Ce fut en 1796 que MM. Gisors et le Comte, architectes, furent chargés de construire une salle d'assemblée dans le pavillon qui est en face du pont. L'attique qu'ils élevèrent sur l'ordonnance de ce pavillon, en exhaussa un peu la masse, sans la rendre beaucoup meilleure. En 1807, on sentit la nécessité de donner à cette façade un autre caractère, et M. Poyet éleva, en avant, le beau péristyle, qui sert aujourd'hui de perspective au pont, et de pendant à l'église de la Madeleine.

L'entrée du palais, sur la rue, est la plus magnifique de toutes celles qu'on cite à Paris. Elle consiste en une grande porte, accompagnée de chaque côté d'une colonnade d'ordre corinthien. Le vestibule annonce un riche et vaste édifice.

PALAIS-ROYAL.

En 1629, le cardinal de Richelieu en fit commencer la construction par l'architecte le Mercier ; il fut terminé en 1636. Après avoir décoré l'intérieur de cette habitation vraiment royale, de tout ce que les arts offraient alors de plus magnifique, le cardinal en fit don au roi en 1639, avec tous les meubles et les effets précieux qu'elle contenait, ne s'en réservant que la jouissance viagère. Il renouvela cette disposition dans son testament fait à Narbonne en 1642.

Richelieu mourut cette même année, et Louis XIII ne tarda pas à le suivre au tombeau. En 1643 la régente Anne d'Autriche, et le roi, son fils, quittèrent le Louvre, et vinrent s'établir au palais cardinal, qui prit le nom de Palais-Royal. Alors fut formée la place en avant du palais, sur la rue Saint-Honoré, aux dépens du terrain de l'hôtel Saint-Méry. Après l'époque de sa majorité, Louis XIV céda le Palais-Royal à Philippe de France, Monsieur, son frère unique, pour en jouir sa vie durant. Enfin, en 1692, le roi en fit une donation entière à Philippe d'Orléans, son neveu, depuis régent, à l'occasion de son mariage avec mademoiselle de Blois. On sait comment cette habitation des princes de la maison d'Orléans, prit en 1793, le nom de Palais-Egalité. En 1802, ayant été affecté aux séances d'une des chambres législatives, il fut appelé Palais du Tribunat; aujourd'hui il a repris le nom de Palais-Royal. Un portique dorique formant terrasse sur la place relie les deux ailes en avant. Trois belles portes donnent entrée dans la cour, et l'on observe sur les trois faces du bâtiment, une double ordonnance dorique au rez-de-chaussée, ionique au premier étage.

Le vestibule qui sépare les deux corps est décoré de colonnes doriques.

Le jardin, tel qu'il est aujourd'hui, a été replanté en 1799 par les propriétaires des maisons des galeries.

En 1781, par les ordres du duc d'Orléans, M. Louis, architecte, a élevé tout autour du jardin le corps de bâtimens symétriques que l'on voit aujourd'hui : il avait construit de plus, au milieu, un cirque, qui a été brûlé en 1795.

Sans doute, l'idée d'élever un portique autour d'une promenade publique était heureuse ; mais un tel projet demandait, pour offrir quelque chose d'un grand caractère, d'être réalisé avec toutes les ressources de l'art. Malheureusement les vues intéressées qui le firent exécuter ne pouvaient s'accorder avec la dépense qu'eût exigé une bâtisse proportionnée à l'importance de l'objet. C'est aujourd'hui un des endroits les plus fréquentés de la ville, et le rendez-vous universel pour les affaires et pour les plaisirs.

PALAIS DE LA LÉGION D'HONNEUR.

C'est un des plus élégans édifices que Paris puisse citer. Il a été bâti en 1786 sur les dessins de M. Rousseau, architecte.

La porte d'entrée du palais, qui donne sur la rue de Bourbon, est dans la forme d'un arc de triomphe flanqué de chaque côté par une colonnade d'ordre ionique.

Intérieurement cette colonnade va s'unir à un portique couvert, dirigé de chaque côté de la cour vers le corps-de-logis principal : là le même ordre ionique formant encore colonnade, est coupé par un porche ou avant-corps de six colonnes corinthiennes d'une plus forte proportion, qui donne entrée sous le vestibule, où l'on monte quelques marches pour arriver au sol des appartemens. Des bas-reliefs exécutés par M. Rolland, tant sur la façade extérieure que sous le porche, enrichissent encore cette composition, dont la marche a quelque analogie avec le monument justement célèbre de l'école de Médecine.

La partie destinée à l'habitation, se prolonge sur le quai d'Orsay, et s'y termine par un avant-corps demi-circulaire, décoré d'un ordre corinthien ; au milieu de deux parties droites et nues.

PALAIS DE JUSTICE.

Il fut autrefois le palais de nos rois. Eudes est le premier qui y transporta sa demeure, pour qu'elle fût mieux défendue contre les attaques des Normands. C'est lui qui fit bâtir toutes les tours qui en fortifiaient l'enceinte, et dont plusieurs existent encore.

L'incendie de 1618, qui détruisit entièrement la grande salle du palais, endommagea fort peu la salle de même dimension qui est placée au-dessous au rez-de-chaussée. Cette vaste salle gothique construite en 1254, par Louis IX, ou peut-être en 1313, par Philippe-le-Bel, existe encore.

Ce fut J. Desbrosses, l'architecte du palais du Luxembourg, qui, après l'incendie de 1618, fut chargé de la reconstruction de la grande salle supérieure. Il la termina en 1622. Elle se compose de deux immenses nefs parallèles, voûtées en pierres de taille, et séparées par un rang d'arcades qui supportent la masse. Ce morceau d'architecture, fait honneur au génie de Desbrosses et à celui de son siècle. Cette grande salle, appelée aussi salle des Pas-Perdus, et spécialement destinée à servir de promenoir à tous ceux qui fréquentent le palais, donne entrée dans diverses pièces plus ou moins étendues, qui renferment les tribunaux, les greffes, et les autres services.

Le principal corps de bâtiment qui fut construit vers 1779, s'élève au fond de la cour, sur un perron auquel on arrive par un grand escalier qui donne assez de noblesse à cette masse d'ailleurs peu remarquable par le caractère de son architecture. Un corps avancé de quatre colonnes doriques orne la façade, composée, du reste, d'un rang d'arcades à rez-de-chaussée, et de fenêtres en attique. Une sorte de dôme quadrangulaire couronne le pavillon central. Au bas du perron et de chacun de ses côtés sont deux arcades, dont l'une conduit au tribunal de police, et l'autre donne entrée dans ce qu'on appelle la Conciergerie.

Les deux ailes sont réunies sur la rue par une grille, qui ferme la cour qu'on appelle encore la cour du Mai.

HOTEL DE VILLE.

Ce fut en 1532, sous le règne de François Ier, que le projet du nouvel Hôtel-de-Ville fut définitivement arrêté, et le 15 juillet 1533, Pierre Nicole, alors prévôt des Marchands, en posa la première pierre.

Un artiste italien, Dominique Boccadoro, dit Cortone, présenta en 1547, à Henri II, un nouveau projet, qui modifiait le premier, et qui fut adopté; c'est celui du bâtiment que nous voyons aujourd'hui. Il ne fut terminé qu'en 1606, sous le célèbre prévôt des Marchands, François Miron, qui fit placer sur le cintre qui surmonte la porte d'entrée, la statue équestre de Henri IV, détruite en 1793; elle a été remplacée par un bas-relief en plâtre.

L'Hôtel-de-Ville est un édifice assez considérable pour le temps où il a été bâti, et en même temps il a cela de curieux, qu'il est un des premiers en France, où l'architecture se soit dégagée du style qui a dominé pendant le moyen âge. L'achèvement de l'Hôtel-de-Ville donnera à ce monument, un des aspects les plus imposans.

PALAIS DE LA BOURSE.

La première pierre du palais de la Bourse a été posée le 24 mars

1808, sur le terrain de l'ancien couvent des Filles de Saint-Thomas.

Le palais de la Bourse est isolé sur ses quatre faces et élevé sur un soubassement qui le fait dominer sur tous les bâtimens qui l'avoisinent. Un ordre corinthien de soixante-quatre colonnes, embrassant deux étages dans sa hauteur, règne autour de l'édifice, et forme un promenoir couvert. Sur la façade principale, le portique prend une double profondeur, et présente un péristyle de quatorze colonnes du même ordre.

Du péristyle on arrive par un vaste vestibule, à la salle de la Bourse, dont la superficie est de 122 pieds de long sur 77 de large, y compris la profondeur des galeries en arcades qui règnent au pourtour.

Au premier étage, une galerie qui forme tribune règne autour de la grande salle, comme au rez-de-chaussée, et sert de communication aux différentes pièces. Immédiatement après le grand escalier, se présentent la salle des pas-perdus, l'antichambre et le grand tribunal de commerce. Dans la partie en retour, sur la droite, est la salle des délibérés et toutes les dépendances de ce tribunal. L'antichambre, la salle d'audience et celle des délibérés du petit tribunal, sont dans la partie au-dessus du vestibule.

PALAIS DE L'INSTITUT.

Il est occupé dans ce moment par trois établissemens distincts : l'Institut royal, c'est-à-dire la réunion des quatre grandes Académies de France ; l'école spéciale des Beaux-Arts, et enfin la Bibliothèque publique, dite Mazarine.

Le plan de ce palais est vraiment un trait de génie. Sur un terrain dont l'irrégularité est telle qu'on ne peut s'en faire une idée que sur le plan même, Leveau, architecte de Louis XIV, a su trouver le front d'un édifice étendu, qui se développe très régulièrement en face du Louvre et dans l'axe même de ce palais. Il a marqué cet axe par la position du dôme de l'église, qui se trouve répondre en même temps à l'axe de la rue Mazarine.

L'élévation de la façade du palais, placée en regard du Louvre, produit un effet pittoresque et théâtral, qu'on ne rencontre nulle part ailleurs, à Paris. Cette façade, composée d'un avant-corps surmonté d'un dôme, au milieu de deux ailes en demi-cercle, que terminent deux gros pavillons, présente dans quelques parties, une heureuse imitation de l'antique.

PALAIS DES THERMES.

Ce vénérable débris d'un édifice romain est un des titres les plus précieux de l'ancienneté de Paris ; c'est le seul monument qui y rappelle aujourd'hui les témoignages que l'histoire nous a conservés.

Julien est celui de tous les empereurs romains qui y fit la plus longue résidence, il s'y trouvait lorsqu'il fut proclamé empereur.

Le plan du palais des Thermes de Julien est à-peu-près carré : la grande salle a 58 pieds de longueur, 56 de largeur, et 40 de hauteur, au-dessus du sol actuel de la rue de la Harpe. Une grande fenêtre en forme d'arcade, y introduit une belle lumière : la voûte est comme dans presque tous les Thermes de Rome, faite en voûte d'arête, forme peu dispendieuse, et très solide, qui résiste depuis des siècles aux causes de destruction les plus actives.

La construction des murs de la grande salle est généralement de trois rangées de moellons, séparés par quatre rangs de briques, d'un pouce à quinze lignes seulement d'épaisseur. Les joints qui les séparent sont également d'un pouce, et cette mesure de joints est uniforme dans toute la construction. Les quatre briques avec leurs joints forment ainsi une épaisseur de huit pouces, et les deux rangs de briques avec les moellons qui les séparent ont ensemble trois pieds six pouces. Les moellons, taillés de liais très dur, ont de quatre à six pouces de face et environ six pouces de queue.

On trouve, sous cette salle, un double rang en hauteur de caves en berceaux, ou plutôt de larges aqueducs souterrains, de neuf pieds de large et de neuf pieds de haut sous clef.

III.

PLACES.

PLACE ROYALE.

La place Royale, commencée sous Henri IV et terminée en 1612, offre un carré parfait de 72 toises de face; elle est régulière et d'une grande simplicité. Tous les pavillons qui la composent sont bâtis de pierre et de brique, et couverts séparément d'un comble à quatre pentes. Entre tous ces corps-de-logis se remarquent deux pavillons beaucoup plus élevés que les autres. Celui de la rue Royale s'appelait le pavillon du Roi, celui en face de la chaussée des Minimes, le pavillon de la Reine. Ils sont tous deux décorés de pilastres doriques.

PLACE DES VICTOIRES.

Cette place est due au vicomte d'Aubusson, duc de La Feuillade, pair et maréchal de France, qui, comblé des faveurs de Louis XIV, voulut laisser à la postérité un témoignage public de sa reconnaissance.

Cette place n'a que 40 toises de diamètre. Une ligne droite de bâtimens symétriques la termine du côté de la rue des Fossés-Montmartre. Elle est circulaire dans tout le reste. Les bâtimens qui l'entourent dans cette partie sont décorés d'une ordonnance de pilastres ioniques élevés sur un soubassement composé d'arcades. Cette architecture n'est pas dépourvue de beautés, une statue équestre de Louis XIV orne le milieu de cette place.

PLACE VENDOME.

Sa forme est un carré presque parfait (70 sur 75 toises) dont les quatre angles forment des pans coupés.

Jules-Hardouin Mansard a donné les dessins de la décoration extérieure de cette place. Un grand ordre de pilastres corinthiens, embrassant deux étages, repose sur un soubassement formé d'arcades uniformes ornées de refends.

La statue équestre de Louis XIV,

élevée au milieu de la place en 1699, détruite en 1792, est remplacée par une colonne triomphale en bronze surmontée d'une statue de l'empereur Napoléon.

PLACE LOUIS XV.

Commencée en 1763, la place Louis XV ne fut achevée qu'en 1772. Elle a 125 toises de long sur 87 de large entre les constructions intérieures, et forme un octogone, dont les pans coupés, de 22 toises de long, sont terminés à leurs extrémités par des guérites ou gros socles ornés de frontons, et surmontés d'un acrotère destiné à recevoir des statues.

PONT LOUIS XVI.

En 1786, Louis XVI ordonna la construction d'un pont en pierre qui reliât les faubourgs Saint-Honoré et Saint-Germain du côté de la place Louis XV. Ce monument commencé aussitôt, fut terminé dans l'espace de trois années. On l'appela d'abord le pont Louis XVI, parce qu'il fut construit sous ce prince. Depuis 1793 jusqu'à ce jour, il a porté successivement tous les noms qui furent donnés à la place Louis XV.

Le pont Louis XVI est composé de cinq arches, qui diminuent progressivement de grandeur; l'arche du milieu a 96 pieds d'ouverture; les deux qui lui sont collatérales, 87 pieds, et les deux qui touchent aux culées, 78 pieds.

On trouve au pont Louis XVI ce caractère d'élégance et de légèreté que Perronet a su donner à presque tous ses ponts; ceux de Mantes, de Melun, Sainte-Maxence.

PONT D'IÉNA.

Ce pont, commencé en 1806, sous la conduite et sur les dessins de M. Lamandé, ingénieur en chef des ponts-et-chaussées, fut terminé en 1813. Le nom d'Iéna lui fut donné par un décret rendu à Varsovie, le 13 janvier 1807, en mémoire de la fameuse bataille gagnée par les Français sur les Prussiens, le 14 octobre 1806.

Le pont d'Iéna a 155 mètres de développement d'une culée à l'autre. Cet espace est rempli par cinq arches. Les voûtes ont toutes 28 mètres d'ouverture, 3 mètres 30 centimètres de flèche; leur courbure génératrice est un arc de cercle de 31 mètres 347 millimètres de rayon. Les naissances des voûtes sont toutes prises au-dessus des plus fortes eaux, et leur épaisseur à la clef est d'un mètre 44 centimètres.

Une belle simplicité et une exécution soignée assurent au pont d'Iéna un rang très distingué parmi les ponts modernes. Il est le premier à Paris qui se développe sur une ligne horizontale, et qui ait sa chaussée de niveau avec les abords.

HALLE AUX BLÉS.

En 1755, la ville de Paris fit l'acquisition du terrain où s'était élevé l'hôtel de Soissons, et se détermina, en 1762, à y faire construire la halle aux Blés. Cet édifice, commencé aussitôt, fut achevé dans l'espace de trois ans, par les soins de M. Viarmes, prévôt des Marchands, d'après les dessins de Le Camus de Mézières, architecte du roi.

Ce monument, formé d'un vaste portique circulaire, qui règne autour d'une cour de 120 pieds de diamètre, est le seul de ce genre que l'on connaisse. Cette espèce de rotonde est percée de vingt-cinq arcades de 10 pieds et demi d'ouverture. Il n'est point entré de bois dans cet édifice ; tout y est voûté ; au rez-de-chaussée, sont des voûtes d'arêtes dont les retombées portent sur des colonnes d'ordre toscan.

La Halle aux Blés mérite d'être examinée par rapport à sa construction savante, à la légèreté de ses voûtes en briques et en pierres, à la forme recherchée et à l'appareil de ses deux escaliers ; enfin par l'effet de son ensemble tant à l'extérieur qu'à l'intérieur.

HALLE AUX VINS.

Le 15 août 1811, la première pierre en fut posée dans l'enclos de l'ancienne abbaye Saint-Victor. Les travaux commencés aussitôt sur les dessins de M. Gaucher, furent poussés avec une telle activité, que, dès le mois d'août 1813, le commerce était en possession de quatre halles du marché à gauche et de sept halles du marché à droite.

Le terrain sur lequel s'élève la halle aux Vins a environ 134,000 mètres de superficie.

La halle aux Vins est comme tous les autres monumens de ce genre, qui s'élèvent à Paris, remarquable par un grand caractère de simplicité et par une richesse naturelle.

MARCHÉ SAINT-GERMAIN.

La première pierre de cet édifice a été posée le 15 août 1813 ; le plan présente un parallélogramme rectangle de 92 mètres de largeur sur 75 de profondeur ; toutes les façades sont percées d'arcades semblables. Sous les galeries, sont près de quatre cents étalages de marchands, disposés sur quatre.

A la suite de ce grand carré de bâtimens, et dans un emplacement abrité au midi par les maisons de la rue du Petit-Bourbon, est un corps de boucherie isolé, semblable à l'un des côtés du marché qui lui est parallèle.

Le milieu de la cour du marché est occupé par une fontaine. Il faut louer dans ce marché une distribution de terrain bien ménagée, une disposition générale simple et commode, une exécution soignée, et un style de décoration très bien approprié à la chose.

MARCHÉ SAINT-MARTIN.

Ce marché présente un parallélogramme de 100 mètres de face sur 60 de profondeur, et se compose de deux vastes portiques, ayant chacun neuf travées sur la longueur et trois sur la largeur.

La fontaine jaillissante, élevée au milieu de ce marché, en complète l'ensemble d'une manière magnifique. Trois enfans en bronze, de cinq pieds de proportion, représentent les génies de la chasse, de la pêche et de l'agriculture.

La décoration du marché Saint-Martin paraît un peu trop recherchée, cette multiplicité de petites arcades, dont toutes ses façades sont percées, présente un luxe peu d'accord avec l'objet du monument.

HOTEL ROYAL DES INVALIDES.

Si l'on arrive à l'hôtel par la rive gauche de la Seine, on est surpris d'abord de l'aspect imposant de cet édifice. Une immense esplanade, accompagnée de longues allées d'arbres, précède une avant-cour fermée d'une grille et entourée de fossés, au-delà de laquelle s'élève une façade de plus de 100 toises, couronnée d'un dôme éclatant d'or. Ces cours, ces bâtimens, ces églises, ces promenoirs occupent une surface de près de 19,100 toises.

Tout concourut à seconder les nobles intentions de Louis XIV ; malgré les embarras d'une guerre dispendieuse, Louvois trouva les ressources nécessaires pour terminer ce grand édifice en huit années, et Libéral Bruant, qui fut chargé de l'exécuter, en fit par son génie un des plus beaux monumens d'un règne si fécond en prodiges.

La première façade, quoique assez richement décorée, n'a pourtant de beauté réelle que par son étendue. Pour bien juger du mérite de Libéral Bruant, il faut entrer dans la cour royale, qui est une des belles productions de l'architecture ; elle est entourée, au rez-de-chaussée et au premier étage, de portiques ouverts en arcades et formant des avant-corps au milieu des quatre faces et dans les angles.

HOPITAL COCHIN.

Cet hôpital est érigé à l'extrémité du faubourg Saint-Jacques, en face de l'Observatoire. Il contient cent vingt lits. L'édifice a 24 toises de longueur et 7 toises de profondeur sur les avant-corps et les pavillons.

Le plan de cet édifice est heureux, et son élévation le distingue très bien d'une simple maison particulière ; il porte un caractère de noblesse qui fait honneur à M. Viel, architecte connu par plusieurs autres monumens justement estimés.

HOPITAL BEAUJON.

Il fut bâti en 1784, sur les dessins de Girardin, architecte. L'exécution et les détails en ont été très soignés,

il est distribué avec intelligence, construit avec solidité, et décoré avec goût.

Le bâtiment a 16 toises de face sur 24 de profondeur, sans y comprendre le jardin. Il est élevé d'un rez-de-chaussée, de deux étages au-dessus et d'un troisième dans le comble ; il contient cent lits de malades pour les deux sexes.

FONTAINE DES INNOCENS.

Cette fontaine est l'un des plus précieux monumens de notre architecture. Chacune des arcades, accompagnée de pilastres corinthiens accouplés, avec piédestal, entablement et attique, est couronnée d'un fronton, et décorée de bas-reliefs admirables, par Jean Goujon, qui a déployé dans les figures de naïades et dans les autres sujets dont les deux faces étaient ornées, tout le charme de ses compositions, son originalité piquante et la délicatesse de son ciseau : la hauteur de ce monument est de 46 pieds environ.

Les gens de goût ont jugé cette production l'honneur de notre école : l'harmonie que l'on y voit régner entre l'architecture et la sculpture, fait également l'éloge des deux artistes qui ont réuni leurs moyens pour la composition et pour l'exécution de ce monument, comparable peut-être à tout ce que l'antiquité nous a laissé de plus parfait.

CHATEAU-D'EAU,

Boulevard Bondy.

Cette fontaine décore l'esplanade qui est entre la porte Saint-Martin et la rue du Faubourg-du-Temple, et forme un point de partage d'où les eaux du canal de l'Ourcq vont alimenter les fontaines du quartier.

Au milieu d'un bassin circulaire s'élèvent successivement en gradins trois autres bassins concentriques, qui servent de base à une double coupe en fonte de fer, composée d'un piédouche et de deux patères inégales, séparées l'une de l'autre par un fût. Au bas de cette coupe, et au niveau de la cuvette supérieure, quatre socles carrés supportent chacun deux lions de fer qui jettent de l'eau par la gueule.

ÉCOLE MILITAIRE.

Toute l'étendue des bâtimens, cours et jardins, est comprise dans un parallélogramme de 220 toises de largeur sur 130 de profondeur, entouré de grandes plantations d'arbres en forme d'avenue.

Le principal corps de bâtiment du côté de la cour est décoré d'un ordre de colonnes doriques, surmonté d'un ordre ionique ; au milieu s'élève un avant-corps d'ordre corinthien, dont les colonnes embrassent les deux étages : il est couronné d'un fronton et d'un attique.

La façade du côté du Champ-de-Mars est décorée d'un seul avant-corps de colonnes corinthiennes semblable au précédent ; l'extérieur de cet édifice, son beau plan, ses alentours, ses nombreuses issues, font le plus grand honneur à l'architecte.

COLLÉGE BOURBON.

L'édifice consiste en quatre corps de bâtimens qui entourent un péristyle carré. Celui que l'on voit à gauche est l'église, aujourd'hui la paroisse de l'arrondissement, sous l'invocation de Saint-Louis. L'entrée du péristyle, autrefois le cloître, est un vestibule percé de trois entre-colonnemens, au travers desquels on aperçoit quatre files de colonnes doriques : elles portent des terrasses qui forment un promenoir continu, à la hauteur du premier étage.

La façade sur la rue a 27 toises de largeur, y compris le portail de l'église, et environ 7 de hauteur.

Ce monument se fait remarquer par la beauté des proportions et la sagesse de la décoration.

L'OBSERVATOIRE.

Monument qui atteste la grandeur de Louis XIV, et son amour pour les sciences, a été érigé, à ce que l'on croit, sur les dessins de C. Perrault. Les fondations furent commencées en 1667, et l'édifice fut terminé en moins de trois années.

L'échelle de ce bâtiment est grande, et son aspect imposant ; la simplicité de son ordonnance et des membres d'architecture qui en forment les détails, les dimensions élevées de ses murs et de ses ouvertures, tout annonce un édifice public du premier ordre, sur une superficie de terrain néanmoins assez resserré.

L'HOTEL DES MONNAIES.
Quai Conti.

Le terrain ne présente que deux faces d'un triangle, ayant chacune environ 60 toises. Il est divisé en trois grandes cours et plusieurs autres moins considérables, toutes environnées de bâtimens.

Le principal corps de l'édifice, ayant face sur le quai, renferme un superbe vestibule, orné de vingt-quatre colonnes doriques, un bel escalier, que décorent également seize colonnes ioniques; un immense et précieux cabinet de minéralogie.

Au fond de la grande cour, est la

salle du monnayage ; elle a 62 pieds de long sur 39 de largeur. Au-dessus est la salle des ajusteurs ; à côté est une chapelle qui sert actuellement d'atelier. Le surplus des constructions est employé aux fonderies , aux laminoirs et à quantité d'autres dépendances.

La décoration de la façade prinpale consiste en un avant-corps de six colonnes ioniques, élevées sur un soubassement de cinq arcades , orné de refends ; un grand entablement , avec consoles et modillons , couronne l'édifice dans toute sa longueur ; l'avant-corps est surmonté d'un attique , au-devant duquel sont six figures debout et isolées : elles sont de Pigale , Mouchy et Lecomte, et représentent la Loi , la Prudence, la Force , le Commerce , l'Abondance et la Paix.

Le cabinet deminéralogie qui occupe le pavillon du milieu au premier étage , est décoré de vingt colonnes corinthiennes d'un grand module, qui supportent une tribune régnant au pourtour dans la hauteur du deuxième étage ; il est orné de bas-reliefs et d'arabesques. Cette pièce est très noble, peut-être pèche-t-elle par un excès de richesse. Cette salle, magnifique, est la plus belle que l'Europe puisse offrir en ce genre.

PORTE SAINT-DENIS

Élevée à la gloire de Louis XIV, en 1672, construite au-delà des boulevards ; afin de lui donner un isolement convenable, elle reçut de François Blondel, 72 pieds de largeur, sur une hauteur précisément égale ; puis, partageant cette largeur en trois parties de 24 pieds chacune, il en assigna une à l'ouverture de l'arc, et les deux autres

à ses pieds-droits. A droite et à gauche sont des trophées d'armes de la plus heureuse composition, et d'une exécution qui ne le cède pas à celle de la colonne Trajane.

Du côté de la ville, on voit assise au pied des pyramides, d'un côté la figure colossade de la Hollande, de l'autre celle du Rhin , dans un renfoncement au-dessus de l'arc, un bas-relief représente le passage du Rhin. Le bas-relief, placé au-dessus de l'arc représente la prise de la ville de Maëstricht. Des renommées occupent les tympans triangulaires de l'arcade.

L'ensemble de ce monument, soit pour l'harmonie de ses proportions, soit pour l'admirable exécution de toutes ses parties, a toujours été regardé comme l'un des plus beaux ouvrages du siècle de Louis XIV.

PORTE SAINT-MARTIN.

La masse générale de la Porte-Saint-Martin est inscrite dans un carré de 54 pieds, y compris l'attique qui règne au-dessus de l'entablement ; son épaisseur est de 15 pieds : elle est percée de trois arcades, une grande et deux petites : celle du milieu a 15 pieds de largeur et 30 de hauteur ; les deux autres ont chacune 8 pieds de largeur et le double de hauteur.

Les deux bas-reliefs qui ornent la façade du côté de la ville représentent la prise de Besançon, et la triple alliance ; ceux du côté du faubourg, la prise de Limbourg et la défaite des Allemands ; ils ont été exécutés par Desjardins, Marsy, Lehongre et Legros ; quoique la Porte-Saint-Martin soit inférieure en richesse à la Porte-Saint-Denis, elle ne lui cède ni par l'harmonie des proportions, ni par la pureté et le fini de l'exécution.

ARC DE TRIOMPHE DES TUILERIES.

Ce monument se rapporte au type adopté par les anciens pour les arcs à trois ouvertures.

Ses proportions rappellent encore celles des arcs de Septime-Sévère et de Constantin ; la face est de 60 pieds, l'épaisseur de 20, et la hauteur de 45. L'arcade du milieu a 14 pieds de largeur ; celles qui l'accompagnent en ont environ 8 et demi.

La décoration de ce massif est composée, comme on le sait, d'un ordre corinthien dont l'entablement ressaute sur les colonnes, d'un attique qui reçoit la dédicace et sert de fond à des statues placées au droit des ressauts, et enfin de sculptures en bas-relief étalées sur les différentes faces.

COLONNE DE LA PLACE VENDOME.

Cette colonne de bronze présente à tous les yeux la suite des actions mémorables de l'armée française, pendant les célèbres campagnes du Nord. La première assise a été posée le 23 septembre 1806.

Elle est imitée de la colonne Trajane ; elle a 40 mètres et demi d'élévation depuis le sol jusqu'au dessus du couronnement, 3 mètres 7 dixièmes de diamètre et 30 mètres de hauteur pour le fût, la base et le chapiteau.

Les piédestaux représentent des armures, des enseignes, des machines de guerre fort bien ajustées, et sur la porte de l'escalier deux victoires qui tiennent une table d'inscription.

Par sa masse imposante et son heureuse position, cette colonne produit un effet étonnant ; elle offre au centre d'un des plus beaux quartiers de Paris un point de vue superbe, lorsqu'on la regarde des Tuileries et du boulevard ; et si l'on s'en approche pour en examiner les détails, l'œil étonné reporte sur ce riche monument toute la magnificence des palais qui l'entourent. C'est un ensemble nouveau chez les peuples modernes, et, si l'on excepte Rome, aucune capitale de l'Europe n'en offre même l'équivalent.

THÉATRE DE L'ODÉON.

C'est, à proprement parler, le seul théâtre digne de ce nom qu'il y ait à Paris. Il est l'ouvrage de deux hommes d'un grand talent, de Wailly et Peyre l'aîné. Les comédiens du roi, pour lesquels il avait été destiné, s'y installèrent en 1782.

Ce monument est isolé : il est décoré, du côté de l'entrée, d'un grand péristyle de huit colonnes doriques, dont l'entablement règne sur les quatre faces. Celles-ci offrent ensemble quarante-six arcades au rez-de-chaussée, et le même nombre de croisées au premier étage. Le second et le troisième sont éclairés par des jours pratiqués dans les métopes de la frise et dans l'attique.

On peut trouver le style trop sévère pour un théâtre, mais il faut en louer la sagesse et la régularité, c'est un mérite assez rare dans tous les temps.

THÉATRE DES VARIÉTÉS.

La manière adroite dont ce petit édifice est disposé, prouve qu'un artiste habile peut vaincre toutes les difficultés : c'est la salle la plus jolie de Paris.

L'entrée est agréable et commode; elle offre un grand vestibule élégamment orné, au fond duquel on trouve deux rampes d'escaliers qui conduisent aux premières loges et au foyer.

La façade est à deux étages tétrastyles. Les colonnes du rez-de-chaussée sont doriques, celle du premier étage sont ioniques : au-dessus est un fronton et par-derrière un amortissement. Ce petit monument est le fruit de beaucoup d'expérience et d'un talent consommé. Cellerier était fort âgé, lorsqu'en 1807, il a construit ce théâtre.

HOTEL DE SOUBISE.

au Marais.

Henri Ier du nom, duc de Guise, fit construire, par Lemaire, le principal corps d'hôtel qui s'étend depuis la rue du Chaume jusqu'au jardin.

La porte d'entrée était en pan coupé sur l'angle de la rue du Chaume, elle était accompagnée de deux tourelles en saillies, que l'on voit encore.

En 1697, François de Rohan, prince de Soubise, acquit cet hôtel des héritiers de la duchesse de Guise, et le fit considérablement augmenter et embellir.

La façade de l'ancien bâtiment a été décorée, au rez-de-chaussée, de seize colonnes d'ordre composite accouplées, dont huit forment un avant-corps au milieu, surmonté d'un second ordre de colonnes corinthiennes, couronné d'un fronton. Les huit autres colonnes du rez-de-chaussée supportent quatre statues qui représentent les quatre Saisons; au-dessus du fronton sont deux au-

tres statues, la Force et la Sagesse.

La nouvelle cour est entourée d'une galerie de cinquante-six colonnes accouplées, d'ordre composite. Cette galerie est couverte en terrasse ; l'ensemble en est grand, riche et d'un bel effet. La porte d'entrée principale est également décorée en dehors et en dedans de colonnes accouplées, composites du côté de la cour, mais corinthien à l'extérieur.

Le vestibule et l'escalier, beaux et vastes, ont été décorés de peintures par Brunetty.

Depuis 1792 jusqu'en 1808, ces édifices étaient restés sans aucun emploi. On a placé à l'hôtel de Soubise les archives de l'Etat.

HOTEL DE CARNAVALET,

rue Culture Sainte-Catherine.

L'hôtel de Carnavalet est un des plus curieux monumens du xvie siècle.

L'hôtel de Carnavalet a un droit à notre souvenir : il a été la demeure de madame de Sévigné et de la comtesse de Grignan, sa fille.

Au-dessus de la corniche du soubassement, sur deux trumeaux du premier étage, sont représentées deux figures allégoriques, la Force et la Vigilance, de Jean Goujon ; c'est dire que ce sont deux chefs-d'œuvre. Sur les trumeaux des faces du premier étage, au fond, les quatre Saisons, figures en bas-relief, sont du même artiste.

HOTEL LAMBERT,

Ile Saint-Louis.

Toutes les maisons de l'île ont été bâties à-peu-près à la même époque, vers le milieu du xviie siècle. Parmi tous ces édifices, qui se ressemblent assez généralement, quelques hôtels méritent d'être cités, mais l'hôtel Lambert, étant celui qui renferme le plus d'objets curieux sous le rapport des arts, est le seul dont nous donnerons ici le dessin et la description.

Il est situé à l'extrémité orientale de la rue Saint-Louis, qui partage l'île dans toute sa longueur.

L'entrée de l'hôtel sur la rue porte un grand caractère. La cour est entourée de bâtimens et décorée d'un ordre dorique. Le bâtiment du fond a de plus un second ordre ionique.

L'hôtel Lambert, bâti par Louis Leveau, premier architecte du roi, a été décoré à l'intérieur par plusieurs peintres célèbres, Patel et d'Hermans. Lesueur, Lebrun ont travaillé à sa décoration.

HOTEL D'AVAUX,

rue Ste-Avoye.

Cet ancien hôtel a été bâti par Le Muet, pour M. de Mesmes, comte d'Avaux. C'est aujourd'hui le chef-lieu de la mairie du 7e arrondissement municipal.

La porte d'entrée sur la rue est en plate-bande, ornée d'un large chambranle, d'une corniche et d'un fronton, et renfoncée dans une arcade ; une niche carrée renferme le tout.

La cour est un carré long, elle est décorée sur les quatre faces d'un ordre de pilastres corinthiens élevé sur un simple socle. Il embrasse le rez-de-chaussée et le premier étage, et est couronné d'une balustrade. La porte d'entrée et la cour sont d'un grand effet ; l'architecture en est pure et correcte, et ses belles proportions lui donnent un caractère noble et imposant.

MAISON LATHUILE,

rue du Faubourg-Poissonnière.

Ce joli pavillon, entre cour et jardin, a été bâti, en 1788, par M. Durand. Il faut remarquer avec quelle sagesse, quelle pureté et quel goût sont traités l'ensemble et les détails de ce petit hôtel ; il est malheureusement le seul ouvrage de son auteur.

PORTIQUE DU TEMPLE.

Les portiques du Temple, qui tirent leur nom de l'enclos où ils ont été construits, présentent un corps de bâtiment isolé, de 37 toises de longueur, terminé aux deux extrémités par deux parties circulaires ; au milieu est une cour, longue de 33 toises sur 6 de largeur. Ce bâtiment porte un caractère de simplicité et de sévérité qui n'est pas dénué d'élégance et le fait remarquer avec intérêt.

MAISON BATAVE,

rue Saint-Denis.

Sa façade, longue de 28 toises, donne sur la rue Saint-Denis ; elle est décorée au rez-de-chaussée de sept arcades, séparées par de petits entre-colonnemens d'ordre ionique : un seul balcon embrasse tout le premier étage.

La même ordonnance règne au-devant d'une galerie couverte au pourtour de la cour et sous le passage d'entrée. Au-dessus s'élèvent trois étages couronnés d'une corniche dorique et surmontés d'une mansarde.

ENVIRONS DE PARIS.

Avec une carte et des gravures représentant les plan, coupe, élévation des principaux
édifices, et les vues pittoresques des sites les plus remarquables.

PREMIÈRE PROMENADE,

De Paris à Compiègne.

En sortant de Paris pour parcourir la partie septentrionale de ses environs, on traverse le village de *La Chapelle*, au bout du faubourg Saint-Denis. On y compte 1500 habitans. On y trouve plusieurs belles maisons de campagne.

Là commence la belle avenue qui conduit à *Saint-Denis*, à gauche s'élève *Montmartre;* ce monticule gypseux est célèbre par ses belles carrières de plâtre, les monumens fossiles qu'il renferme, et les nombreux moulins à vent qui le couronnent.

Au pied, et au sud-ouest de la montagne de Montmartre, se trouve le *Champ de Repos*, l'un des quatre cimetières de Paris.

Le village d'*Aubervillers*, ou *Notre-Dame-des-Vertus*, situé à droite de l'avenue de Saint-Denis, fut, en 1815, disputé par les troupes françaises et celles des alliés. A gauche, *Saint-Ouen*, autre village, est remarquable par sa situation élevée sur la rive droite de la Seine.

Saint-Denis est après Paris la seule ville remarquable du département de la Seine; elle compte 4,200 habitans.

Dagobert, parvenu au trône, fit bâtir l'église de Saint-Denis.

Charlemagne l'agrandit, et y enferma les tombeaux de Charles-Martel et de Pépin.

L'ancienneté de cette église, son architecture gothique, méritent de fixer l'attention des visiteurs : le portail, la nef, le chœur et le rond-point offrent des différences de style qui indiquent des époques de constructions différentes. Chacune de ces parties est d'un bel effet. Dans son ensemble, cet édifice est le plus important qui se voie aux environs de Paris ; son église souterraine avec la sépulture royale lui imprime un caractère particulier. Avant de quitter Saint-Denis, il faut y voir encore l'ancienne abbaye remarquable par sa belle construction ; l'ancien couvent des Carmélites, ainsi que de très belles casernes d'infanterie. A la sortie de Saint-Denis, se présentent trois routes, celle de droite est la route des Pays-Bas, celle du milieu la route d'Angleterre, celle de gauche conduit à Pontoise, ville ancienne et célèbre. Cette dernière route est bordée de sites enchanteurs; on y rencontre les charmans villages d'*Epinay, Saunois, Franconville, St-Gratien, Eaubonne.* En suivant la route de Calais, le voyageur découvre *Pierrefitte, Montmorency* et sa belle vallée, *Deuil* et les établissemens d'*Enghien.* A Montmorency, l'église et l'ermitage où demeura J.-J. Rousseau, la forêt d'une étendue de près de 5,000 arpens appellent chaque année de nombreux rendez-vous de promeneurs. On ne saurait quitter la vallée de Montmorency, sans prolonger l'excursion jusqu'à *Saint-Leu* et *Taverny.*

Sur la même route, il faut voir *Groslay, l'Ile-Adam, Beaumont,*

Saint-Brice et *Sarcelles*, *Ecouen* et son beau château. Aux environs d'Ecouen, *Villiers-le-Bel*, remarquable par ses sites, *Champlatreux* et son château, *Luzarches* et *Royaumont*, célèbre par sa filature de coton. En traversant la forêt d'Hérivaux et de Chantilly, on arrive au bourg de *Chantilly* où se voient un château célèbre, une belle manufacture de porcelaines et quelques fabriques intéressantes. De ce point l'on va visiter *Creil* avec les ruines de son église collégiale, *Liancourt* et *Montataire*. En quittant la route de Calais pour remonter l'Oise, on rencontre *Pont-Ste-Maxence* avec son beau pont, le château de *Plessy-Villette* et *Verberie*, riche en souvenirs historiques. *Compiègne* mérite tout seul un jour ou deux de séjour : son pont, ses églises, son hôtel-de-ville, son château royal, sa forêt, la recommandent tout spécialement aux visiteurs. Entre les forêts de Compiègne et Villers-Cotterets s'élèvent sur un monticule les ruines imposantes du château féodal de *Pierrefond*. Au sud-est et sur la route de Paris à Soissons, apparaît *Villers-Cotterets* avec son château ; plus près de Paris, la ville de *Crépy*, riche de souvenirs. Au nord et à l'entrée de la forêt de Compiègne les restes d'un camp romain. En se rapprochant de Senlis, on peut voir les ruines du château de *Montepilloy*, ouvrage du xiiie siècle ; la ville de *Senlis* a une cathédrale justement célèbre, quelques débris de fortifications romaines, et à quelques distances de son enceinte, au sud l'abbaye *de la Victoire*, fondée par Philippe-Auguste. Au-delà de Senlis, *Ermenonville*, séjour de Rousseau, offre réunies toutes les beautés du paysage ; *Mortefontaine*, à une lieue et demie au-delà, remar-

quable aussi par son paysage, possède un fort beau château.

DEUXIÈME PROMENADE,

à Meaux et Melun.

Le curieux, sorti de Paris par le faubourg Saint-Martin, admire le vaste bassin de la *Villette*, les buttes escarpées de *Saint-Chaumont*, et la plaine qui se déroule jusqu'à Saint-Denis et Gonesse. Il voit aboutir cet intéressant canal de l'Ourcq, qui, de tous les travaux faits pour l'utilité de Paris, est peut-être celui qui mérite le plus la reconnaissance des habitans de cette ville.

En suivant la route d'Allemagne, qui part de la barrière Saint-Martin, on rencontre *Belleville*. De ce côté les coteaux couverts de vignes et de vergers, et coupés en tous sens de chemins ombragés de haies, de lilas et de rosiers, qui entourent le village du *Pré-Saint-Gervais*, font de ce lieu, rempli de guinguettes, les délices des Parisiens, par les promenades agréables qu'ils y trouvent, et la vue pittoresque dont l'œil y jouit.

Belleville, assis sur ce coteau, en partage l'étendue avec *Romainville*.

Le village de *Bondy* n'a de remarquable qu'un beau et vaste château et son ancienneté ; sa forêt renferme le château du *Raincy*, bâti en 1652, par Leveau.

De la route d'Allemagne, on va au village du Raincy, par une magnifique avenue de peupliers, seul reste de la plantation primitive du parc.

Le château de *Livry* et le grand village du même nom sont situés sur cette route.

De *Montfermeil*, beau et grand

village sur la lisière de la forêt de Bondy, et où l'on trouve quantité de jolies habitations, la vue se promène agréablement sur la vallée de la Marne.

Au milieu de ce riche bassin, s'élève *Chelles*, beau bourg qui compte 1,250 habitans.

Pomponne, petit village sur la rive droite de la Marne, a un assez beau château.

Lagny, ville située en amphithéâtre sur la rive gauche de la Marne, doit son origine à une abbaye fondée au VII siècle par Furci, gentilhomme écossais ; elle offre à la curiosité du voyageur une belle église paroissiale.

Claye, est un bourg de 1,000 habitans, et le siége d'une justice de paix.

Nantouillet, village situé dans un vallon agréable et riant, affluant à la Beuvronne, possède une jolie église paroissiale et un ancien château dont l'architecture porte l'empreinte de la renaissance des arts.

Près de là, au nord, on trouve *Juilly*, célèbre par son collége qui, en 1639, remplaça une abbaye de l'ordre de Saint-Augustin.

Dammartin, est assis sur une éminence, au sommet de laquelle s'élevaient les ruines qui existent encore en partie, d'un ancien château-fort, connu dès le règne de Henri I.

Nanteuil-le-Haudouin, bourg sur la même route, n'offre pas de souvenirs historiques aussi agréables aux amis des arts.

Retz. Le château de Retz lui-même, d'élégante et solide construction, est dans le plus mauvais état.

La ville de la *Ferté-Milon* tire son nom du château ou fort Milon, bâti au VIII siècle par un seigneur de ce nom.

La Ferté-Milon est dans une situation très pittoresque : le nouveau château a un parc arrosé par la rivière d'Ourcq qui, au moyen de huit écluses, commence à être navigable à compter de ce pont jusqu'à la Marne.

En revenant sur la Marne, la ville de *Meaux* se développe au milieu d'un vaste et brillant bassin que la rivière sinueuse semble abandonner à regret.

De tous ses édifices, aucun n'est remarquable, si ce n'est la cathédrale, temple gothique, dont le sanctuaire est très beau.

Crécy, bourg ou petite ville, n'offre rien de remarquable que les vestiges de ses murs qui furent, dit-on, flanqués de 99 tours.

Plus haut *Coulommiers*, possède encore les restes du château qu'y avait fait commencer, en 1613, Catherine de Gonzague, duchesse douairière de Longueville.

Entre Crécy et Coulommiers se trouve l'importante papeterie de *Courtalin;* cette manufacture, l'une des plus considérables de la France, a été fondée en 1767.

Boissy-le-Châtel, un peu à l'est de Coulommiers, tire son nom d'un ancien château-fort dont il reste des ruines assez considérables.

Guérard, bourg, et *Faremoutier*, ancienne abbaye, non loin de Courtalin, et dans l'agréable vallée de Morin, offrent, l'un, un très beau parc dessiné par Delanois, architecte, et l'autre d'agréables jardins autour de l'Abbatiale, seul reste de sa célèbre abbaye de Bénédictins.

La petite ville de *Rosoy* est située dans un agréable vallon qu'arrose l'Yères ; elle n'offre rien de remarquable, si ce n'est une belle église de forme gothique, d'une architecture légère et fort riche d'ornemens.

Près de Rosoy, on remarque le château de *Bernay*, et celui de la *Grange-Bleneau*, bâti en grès et flanqué de cinq grosses tours.

Tournans n'a par lui-même rien de remarquable ; mais on doit voir dans ses environs les châteaux de Combreux et d'Arminvilliers.

Melun, chef-lieu du département de Seine-et-Marne, date d'une antiquité si haute, qu'on fait remonter son existence jusqu'avant l'invasion des Romains dans les Gaules.

L'ancien couvent de Saint-Nicolas, vu de la rive droite de la Seine, se groupant avec une église qu'accompagnent deux tours symétriques, produit un effet très pittoresque.

Les environs de Melun sont ornés de châteaux et de maisons de campagne.

En remontant le fleuve, *Vaux-le-Pénil*, *Livry*, *Chartrettes*, l'ancienne abbaye de *Barbeaux*, et les restes de la ville d'*Héricq*, offrent les points de vue les plus pittoresques.

Les environs de la forêt de Sennart sont couverts de nombreux villages, et entourés de sites infiniment agréables sur le bord de la Seine ; *Etioles* a deux châteaux.

Soisy-sous-Etioles compte beaucoup de maisons de plaisance.

Draveil, autre village, avec son château moderne, d'une décoration fort simple, est précédé de belles avenues, et entouré d'un beau parc.

Le joli vallon d'Yères, qui borde au nord la forêt de Sennart, offre de nombreux villages bien exposés.

De l'autre côté de l'Yères, au milieu d'une belle et fertile plaine, s'élève le clocher de l'église paroissiale de la petite ville de *Brie-comte-Robert* ; cette église, d'une belle structure, et l'ancienne forteresse, sont les seuls objets remarquables de cette ville.

Gros-bois, est un château remarquable ; son parc, entouré de murs, compte plus de 1,000 arpens.

Le château de la *Grange*, situé au centre des bois qui s'étendent du bourg d'Yères à celui de *Boissy-Saint-Léger*, chef-lieu du canton, est d'une belle et solide construction.

Villeneuve-Saint-Georges, sur la pente même de la butte du Griffon, et au bord de la Seine, jadis entourée de bois, devait le droit de gîte aux rois ; aussi plusieurs d'entre eux s'y sont-ils arrêtés.

Valenton, village où se trouve une communauté de femmes trappistes.

Brevannes est remarquable par un beau château dont Lenôtre a dessiné le jardin.

Bonneuil était, dès 616, une terre royale, où les souverains avaient une maison de plaisance. La petite église paroissiale de ce village est du XIVᵉ siècle ; elle offre des détails très soignés.

Creteil, beau et grand village près la Marne, a une haute antiquité ; son église est vaste et accompagnée de bas-côtés d'une bonne construction.

Alfort, hameau qui n'est qu'une dépendance de la commune de Maisons, est séparé de Charenton par la Marne. Il doit sa célébrité à son école vétérinaire. Le château qui existe aujourd'hui est vaste, mais sans aucune décoration. On y jouit du point de vue le plus varié et le plus étendu.

Charenton est un bourg considérable qui s'étend à la droite de la Seine et de la Marne, sur la pente d'un coteau.

L'hôpital des Fous, établi en 1640,

par Sébastien Leblanc, a reçu depuis sa fondation, de grands accroissemens.

Bercy, qui touche aux murs de Paris, est un fort grand village, connu par ses immenses entrepôts de vin, eau-de-vie et vinaigre pour l'approvisionnement de la capitale.

Le château de Bercy, bâti au milieu d'un parc de 900 arpens dont la Seine baigne les murs, est dans une position fort agréable. Louis Leveau le bâtit pour un sieur de Bercy, intendant des finances.

Le bourg, le château et le parc de *Vincennes*, dont l'étendue est de 1,900 arpens, occupent presque tout l'espace au levant de Paris, compris entre cette ville, les coteaux de Montreuil et les bords de la Marne.

Non loin de Vincennes, on remarque *Nogent*, grand village dans une situation qui domine les rives de la Marne. *Fontenay-sur-Bois,* doit son nom aux fontaines d'eau vive des environs, que Charles V fit conduire dans la suite à son château de Vincennes.

Montreuil, immense village, qui compte 4,000 habitans, est connu par l'excellence de ses pêches et son vignoble considérable.

On peut terminer cette deuxième promenade en visitant le cimetière du *père Lachaise*, c'est le plus remarquable des cimetières de Paris.

TROISIÈME PROMENADE,

à Fontainebleau.

En sortant par la barrière d'Italie, le premier objet remarquable est la maison de *Bicêtre*; ses bâtimens sont distribués suivant leur destination respective, pour le logement des vieillards indigens, qui occupent 2,200 lits, pour le logement des fous et enfin pour celui des malfai-teurs, condamnés à la réclusion, ou aux travaux forcés, et qui attendent le départ de la chaîne, dont ils doivent faire partie.

Au-delà de *Bicêtre*, le bourg de Ville-Juif, possède un château dont le parc a été dessiné par *Lenôtre*. On arrive ensuite à *Choisy-le-Roy*, l'une des petites villes les plus agréables des environs de Paris. Sur la pente du plateau la tour d'Orly reste comme un monument de la bravoure de ses habitans. *Villeneuve-le-Roi* ne conserve plus qu'un pavillon remarquable de son magnifique château. *Ablou* se distingue par sa belle position. En revenant vers la route on trouve le village de *Paray*, un obélisque funèbre élevé à Noël Devaux, maréchal de France; le village et le château d'*Astin*, le parc de *Crussol*, l'obélisque *Juvisy*, le pont des *Belles-Fontaines* d'un aspect imposant et pittoresque; Juvisy avec son château et son parc, dessiné par Lenôtre. A l'entrée du vallon, à droite de la route, *Savigny* et son château; au-delà, *Viry* et ses belles habitations; *Ris* et le château de *Petit-Bourg; Corbeil* dans une position charmante, avec sa halle et son église, fort en renom dans le pays; enfin *Essonne* et ses papeteries. Entre la rivière d'Orge et d'Essonne, on rencontre les villages de *Fleury, Sainte-Geneviève* et *Mennecy*. En reprenant la grande route, on trouve une foule de villages et de châteaux dont les plus remarquables sont : *Lecoudray, Courance, Nainville, Nullys, Celly, Fleury, d'Argonges, Villiers-en-Bièvre,* et *Larochette.*

Le voyageur parvient, à travers ces sites pittoresques, à la ville de *Fontainebleau*, qu'entoure une forêt de 32,877 arpens. Cette ville montre avec un juste orgueil son château royal, l'hôtel d'Armagnac, la chancellerie, l'église principale et les nombreuses promenades. Ses routes d'Orléans, de Montargis et de Moret, aboutissans à Fontainebleau sur une place circulaire, décorée d'un obélisque. La commune d'*Avon*, toute voisine, est d'une origine fort ancienne ; viennent ensuite *Valvin*, *Moret* et son église gothique. Avant de parcourir le pays qui sépare Fontainebleau d'Etampes, il faut visiter *Méréville*, son parc et son château, c'est une oasis délicieuse au milieu des plaines tristes et désolées de la Beauce. *Etampes* renferme d'assez nombreux souvenirs du temps de François Ier et de Henri II ; sa vallée est, par la fraîcheur et la variété, un des plus beaux paysages de la France ; au-dessous d'Etampes est le château de *Brunehaut*, d'une forme pittoresque, puis les châteaux de *Jaurre*, de *Gravelle*, du *Roussay*, de *Chamarande*, de *Ménil-Voisin*, la tour de *Pocancy*. En suivant cette direction, on parvient aux châteaux de *Fremigny*, de *Saint-Vrain*, à la Ferté-Aleps sur Lessonne. Sur la route d'Orléans à Paris, *Arpajon* est d'un aspect agréable ; *Dourdan* et son antique forteresse s'élèvent au sud-ouest ; de beaucoup de châteaux de cette contrée, celui du *Marais* reste seul debout ; au sommet d'un mamelon s'élève la tour de *Montlhéry*, ensuite viennent la ville, le bourg de *Long-Pont*, le château de *Lormoye*, peu remarquable par son architecture.

Villetonzin, près de la route d'Orléans, château d'une ordonnance simple, mais régulière, bâti pour M. de Montgomery.

De l'autre côté de la route, le château du *Plessis-Saint-Père*, est remarquable par sa construction en pierres et en briques, et ses belles avenues.

Longjumeau est un lieu bien connu par ses tanneries.

Le village d'*Orsay*, situé à l'endroit où se croisent les routes de Paris à Dourdan, et de Versailles à Montlhéry, est remarquable par son château restauré en 1807, par Damême.

Le château de *Grand-Ménil* paraît ensuite. Ce qu'il y a de plus remarquable à Grand-Ménil, c'est un charme, âgé de plus de 460 ans, dont les branches, sans aucun secours étranger, forment, entourent et ombragent de leur verdure une salle qui peut contenir une table de vingt couverts avec les buffets et l'espace circulaire nécessaire au service.

Verrières est un village considérable et entouré des plus agréables maisons de plaisance.

Le *Plessis-Piquet*, petit village, situé au fond d'un vallon très pittoresque et solitaire, possède également plusieurs maisons de plaisance et de vastes jardins.

Châtenay, village considérable, et qu'embellissent un grand nombre de belles maisons d'agrémens.

Sceaux, connu par le bal champêtre le plus fréquenté et le mieux composé des environs de Paris.

La manufacture de faïence, établie à Sceaux, en 1752, jouit d'une réputation méritée.

Arceuil, sur la droite de la route ; la petite rivière de Bièvre qu'on a traversée sur le pont d'Antony, coule dans un agréable vallon au fond et au milieu duquel est situé Arcueil.

Une partie de l'aqueduc antique d'Arcueil existe encore ; elle est contiguë au nouveau.

L'aqueduc d'Arcueil fournit aux fontaines de Paris 57 pouces cubes d'eau.

Au-dessus du Bourg-la-Reine, se groupent, sur le même coteau, les trois villages intéressans de *Fontenay-aux-Roses*. Bagneux, qui se distingue par un grand nombre de maisons de plaisance et par son église, dédiée à Saint-Herbland, qui date du xiiie siècle. *Chatillon*, dont la position est des plus heureuses, et remarquable par ses carrières.

Montrouge, ne mérite plus l'attention des curieux que par ses guinguettes, qui renferment presque toutes des salles de danse.

En quittant Montrouge, on peut visiter les *Catacombes*, dont l'entrée se trouve à la barrière d'Enfer.

Vanvres, très grand village connu dès 998, est situé dans un vallon.

Le château de Vanvres consiste en un grand corps-de-logis, dont la masse imposante et la belle situation font le mérite principal.

Le château d'*Issy*, situé à l'extrémité occidentale du village et dans une situation charmante, est digne de l'attention des curieux.

Vaugirard, village considérable, qui tient immédiatement à l'enceinte de Paris, compte 3,500 habitans.

Près de Vaugirard, est le cimetière de l'Ouest. Il n'a rien de bien remarquable. On y trouve les tombeaux de Laharpe et de la célèbre Clairon.

QUATRIÈME PROMENADE,

à Versailles et à Rambouillet.

Passy, d'abord, offre ses beaux jardins et ses maisons de plaisance, qui s'élèvent en amphithéâtre sur la pente du coteau.

Auteuil, sur le même coteau, renferme, comme Passy, un grand nombre de jolies maisons de campagne, dont l'agrément est augmenté par la proximité du bois de Boulogne, de Paris, de Saint-Cloud et de Versailles.

Sèvres, par sa position dans un vallon, aboutissant à la Seine, offre une infinité de sites agréables.

L'église de Sèvres est un bâtiment gothique du xiiie siècle.

C'est à sa manufacture de porcelaine que Sèvres doit une partie de son importance et sa grande célébrité.

Sèvres, qui compte encore une manufacture de faïence de couleur, une autre d'émaux, est un lieu très commerçant.

Le château de *Bellevue*, dont une partie existe encore, occupait le sommet du coteau. Rien n'est plus magnifique que le tableau qui s'offre au spectateur placé sur ses terrasses.

Un peu au-delà de Bellevue est *Meudon*, avec son château royal. Ce qui, sans doute, n'est pas moins remarquable à Meudon, c'est la grande terrasse qui servait d'avant-cour au château, et qui domine le bourg.

Le village de *Chaville*, bâti sur la pente d'un coteau, entouré de bois, possède un château remarquable par sa simplicité.

Viroflay est moins remarquable par ses maisons de campagne que par son haras et sa situation sur la route de Paris; à ce village commence la magnifique avenue qui conduit à Versailles.

VERSAILLES.

Tout à Versailles est dominé par le château, et à bon droit, car il serait difficile de trouver en Europe un édifice de sa nature et de son importance, dont l'ensemble fût aussi soutenu, l'harmonie plus constante dans toutes ses parties, et qui pût faire croire, comme celui-ci, qu'un si grand monument soit l'ouvrage d'un seul jour. L'on peut donc dire, sans exagération, qu'il n'est pas de plus beau plan d'ensemble, mieux combiné, plus grandiose, plus magnifique que celui du château de Versailles, considéré dans ses dispositions générales.

L'intérieur et l'extérieur du château, ses ailes, ses façades, sa chapelle, son théâtre, ses jardins, son petit parc et Trianon, son grand parc, ses dépendances mêmes, tout en un mot y est plein de grandeur, de richesse et de majesté.

Après avoir visité *Buc*, *Jouy*, *Saclé*, les ruines de *Châteaufort et du Port-Royal*, *Chevreuse* et *Dampierre-les-Vaux*, avec son château magnifique, on arrive au vallon où s'élève *Ramboaillet*, la moins importante des résidences royales. *Epernon*, *Maintenon*, *Saint-Hubert*, *Montfort-Lamaury*, *Pont-Chartrain*, *Grignon*, *Saint-Cyr*, *Roquencourt*, se recommandent dans cette direction par quelques sites, ou quelques châteaux.

Saint-Cloud. Il n'existe pas en France de jardin plus varié dans ses aspects, plus magnifique dans ses effets, plus agréable enfin que le parc du château; aussi est-il admiré de toutes les personnes qui vont le visiter. Saint-Cloud mérite une attention toute particulière; le château, lui-même, est digne par son étendue, par sa belle ordonnance, par la richesse et le goût de sa décoration, de servir de résidence au chef d'une grande nation.

CINQUIÈME PROMENADE,

à Saint-Germain et à Mantes.

De la place de la Concorde à Neuilly, une avenue admirable, qui traverse les *Champs-Elysées* et longe le *bois de Boulogne*, annonce une vaste et opulente cité; l'*Arc-de-Triomphe*, le bois, le village de *Boulogne* et *Longchamp* occupent tout cet espace.

Le château de *Neuilly*, le pont et quelques belles habitations sur les coteaux d'alentour donnent de la vie et de l'agrément au paysage. *Puteaux*, *Suresnes*, *Courbevoie*, *Nanterre*, *Croissy*, et *Ruel* sont des villages voisins.

La *Malmaison*, si remarquable du temps de l'impératrice Joséphine, est de nouveau habitée. *Bougival*, la *Machine de Marly*, *Marly*, *Lucienne*, ne sont point ndignes du panorama délicieux des environs de Paris.

Saint-Germain-en-Laye avec son vieux château, sa terrasse, ses églises et quelques hôtels, offre une source féconde de souvenirs historiques, et d'admirables aspects. A une lieue et demie de Saint-Germain-en-Laye se trouve la charmante habitation appelée le *Désert*.

Poissy, *Triel*, *Melun*, *Mantes*, *Rosny* et son château, *Vétheuil*, *Laroche-Guyon*, *Vigny*, le château de *Maisons*, *Argenteuil*, *Asnières* et *Clichy*, sont les derniers points à visiter de cette cinquième promenade.

IMPRIMÉ CHEZ PAUL RENOUARD
Rue Garancière, n. 5.

PRINCIPAUX ÉTABLISSEMENS.

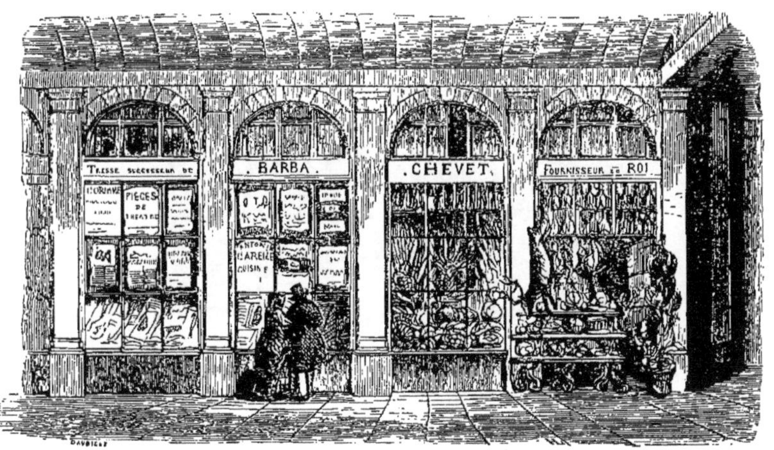

Paris est l'une des villes qui conviennent le mieux aux étrangers riches, à tous les hommes dont la fortune est faite, — aux grands artistes, aux savans, aux personnes du monde.

Tous les trésors de la science y sont réunis, toutes les Facultés, tous les arts y sont cultivés ; — c'est Paris qui reçoit les découvertes, qui les examine, les sanctionne et les applique. Il y a un Paris du monde pour qui toutes les jouissances de la civilisation sont réunies ; — il y a un Paris artistique auquel aucune ressource ne manque. — C'est à Paris que l'homme indifférent doit venir vieux ou jeune, en hiver comme dans la belle saison ; car tous ses sens y seront réveillés. — Paris n'a pas de saison spéciale ; il convient, à tous, pendant l'été comme pendant l'hiver ; c'est le salon de l'Europe ; c'est le centre de toutes les études. L'ardeur de connaître la plus noble y est soutenue,

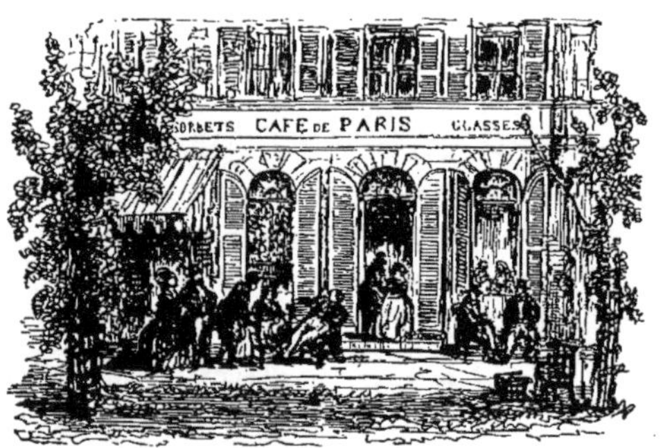

comme le *far niente* et le loisir y sont excités par l'exemple de ceux qui jouissent doucement de la fortune. — C'est aujourd'hui la ville du luxe, la ville immense, active et dissipée, laborieuse et légère. C'est là que le sage trouve la solitude telle que la civilisation et tous les biens peuvent la lui créer. Il ne faut plus qu'un malade rêve constamment Venise et Naples, où il ne trouvera pas de remède réel et où l'ennui le rongera bientôt ; il faut qu'il vienne à Paris, de Varsovie ou de

Vienne, de Londres, comme de Philadelphie. Ici nulle étiquette parmi ce qui est bien né, spirituel, supérieur par soi-même ; — ici l'indépendance, la liberté de courir le monde ou de s'y cacher ; ici la solitude au milieu de la foule la plus aimable ; ici enfin, la douce fin de vie au milieu de tous les biens de la création. C'est de doctrine à Paris qu'il faut laisser faire et passer tout ce qui ne choque ni le goût ni les convenances.

Tous ces avantages, bien appréciés des étrangers, valent à l'in-dustrie, cette prospérité unique dont Paris est rempli, sans le secours des gouvernemens. On n'y vient pas pour eux ; on y vient pour l'aimable tolérance des habitudes et pour demander à la fortune tout ce qu'elle peut facilement distribuer d'agrémens.

Parmi les établissemens qui servent à ce but, il faut compter le Rocher de Cancale où est déjà allée toute l'Europe élégante d'un demi-siècle ; il faut compter cinq ou six autres sanctuaires considérés de cet art délicat de la table que Lagui-

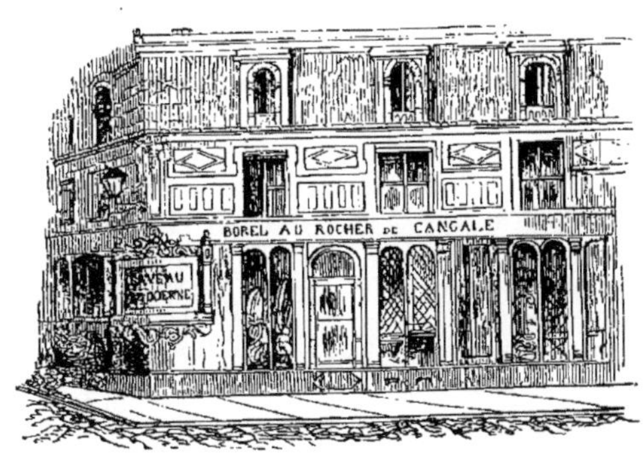

pierre et Carême ont élevé si haut. — D'autres maisons luttent contre celle là : l'élégant et riche *café de Paris*, Chevet et Corcelet ; — Chevet qui vous offre dans sa montre tous les produits précieux et les porte

même assaisonnés sur votre table ;
—Corcelet si justement cité pour ses cafés, ses vins, ses jambons, ses marrons, ses fromages ; — Félix, — Carème, rue de la Paix, pour tout ce que l'art du four offre de délicat. Nulle ville au monde ne possède des glaciers plus habiles, un marché plus abondant , plus renouvelé , à un prix plus modéré. Et la librairie, toute celle de l'esprit humain s'y trouve réunie !

La gravure au burin n'est pas seulement un produit français unique, c'est un produit parisien. La peinture, la sculpture, la ciselure

n'ont qu'un seul et grand atelier. Il n'y a qu'une ville comme Paris où un commerçant intelligent, d'un coup d'œil juste et hardi, ait pu heureusement créer une location de tableaux, comme celle des magasins de M. Durand Ruel; tableaux qui sont des chefs-d'œuvre de Ingres, Paul Delaroche, Steuben, Decamps, Roqueplan, Isabey, Marilhat, Jules Dupré, Flers, Danvin ou des deux Johannot, d'élégantes aquarelles de nos premiers dessinateurs, — de ceux qui improvisent la grâce et l'idée. Certes, de tels établissements sont exceptionnels et n'appartiennent évidemment qu'à la civilisation la plus raffinée, la plus délicate; aucune ville d'Europe n'en ferait le succès, parce que la richesse n'est pas seulement nécessaire à cette œuvre, mais une passion générale et vive de tout ce qui est fin, élégant, original, de tout ce qui étend les limites de l'esprit.

Portail de Notre Dame.

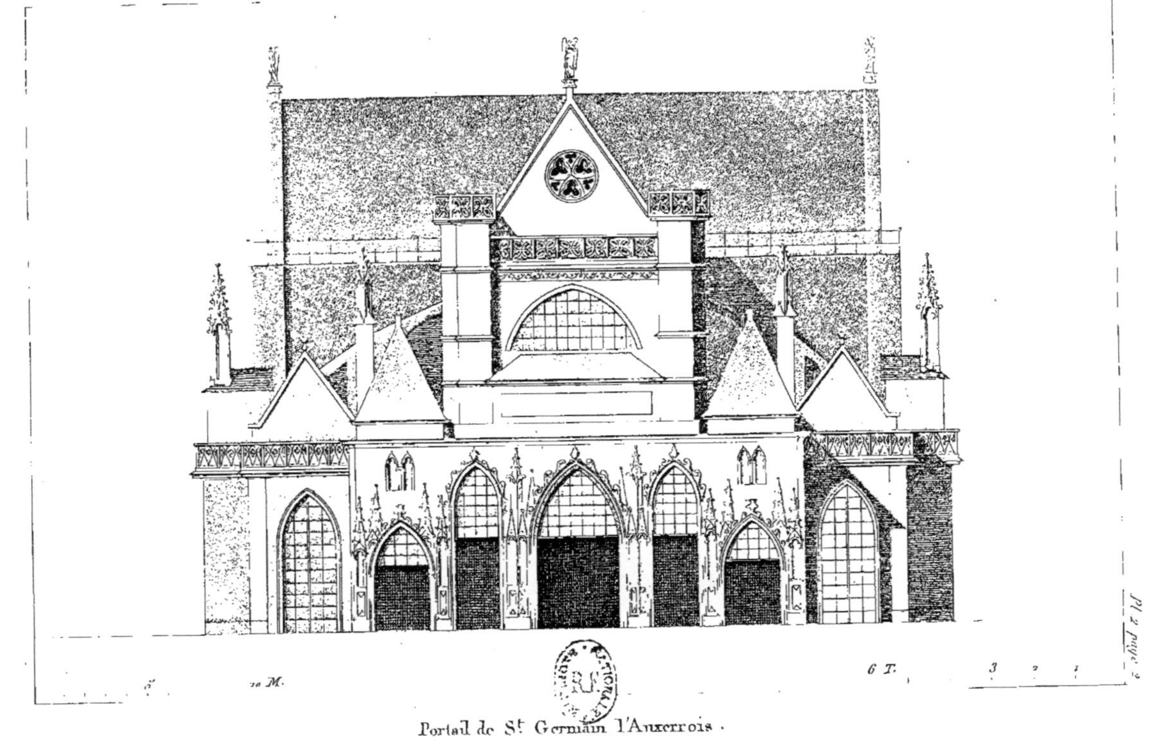

Portail de St Germain l'Auxerrois .

Portail de St Estienne du Mont.

Portail de la S.te Chapelle.

Portail de S.ᵗ Gervais.

Portail de S.t Eustache.

Elévation de l'Eglise de l'Assomption.

St. Paul et St. Louis.

Plan et élévation de l'église des Filles Ste Marie.

Élévation du Dôme du Val-de-Grâce.

Élévation de l'Église de la Sorbonne.

Plan de l'Eglise des Invalides.

Élévation du Dôme des Invalides.

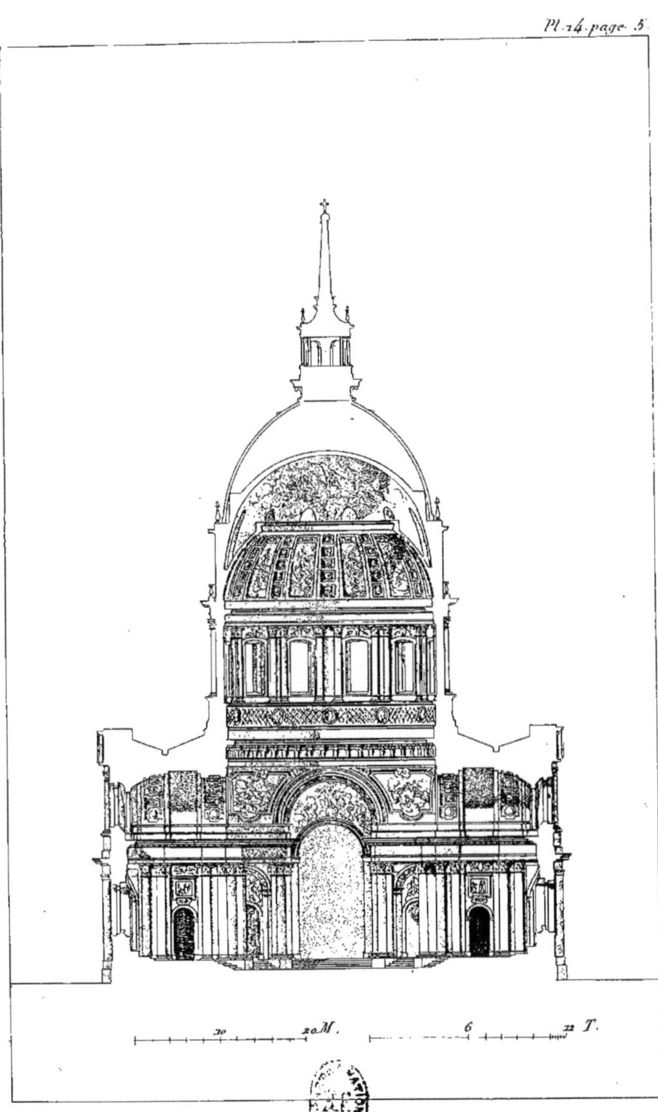

Coupe du Dôme des Invalides.

Élévation du Panthéon.

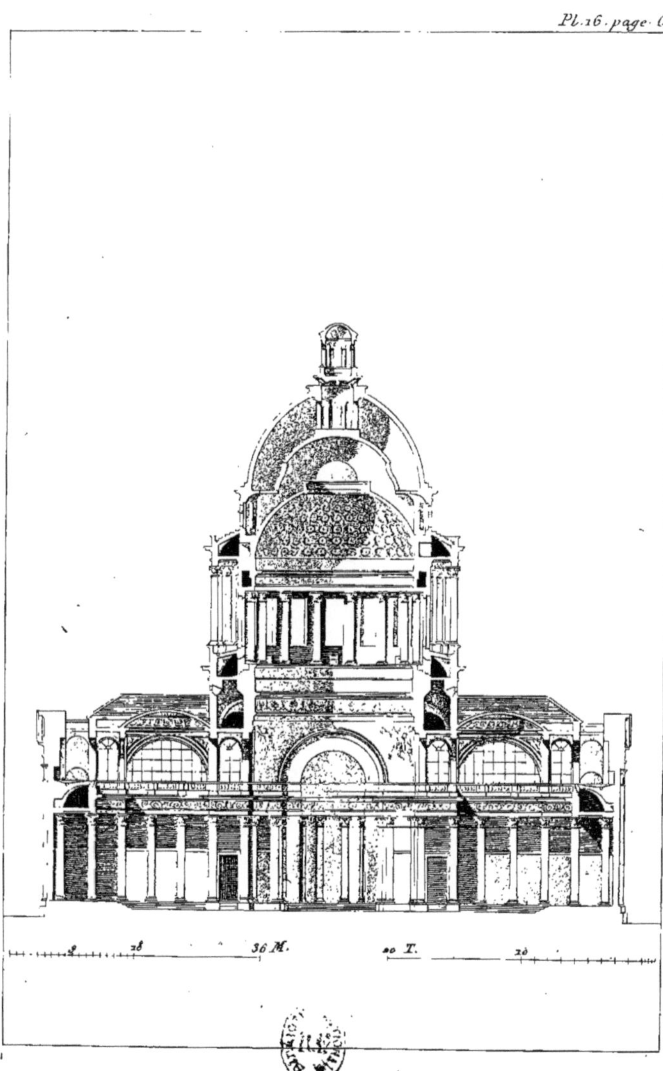

Coupe du Panthéon.

Portail de St Roch.

Portail de St Sulpice.

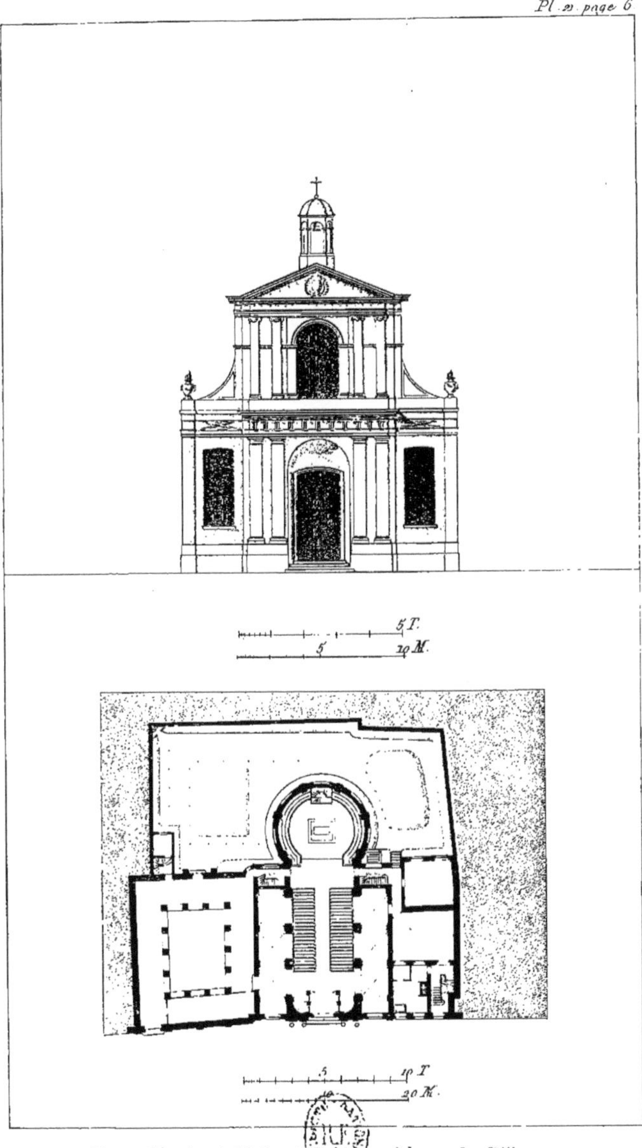

Plan et élévation de l'église Luthérienne, ci-devant des Billettes.

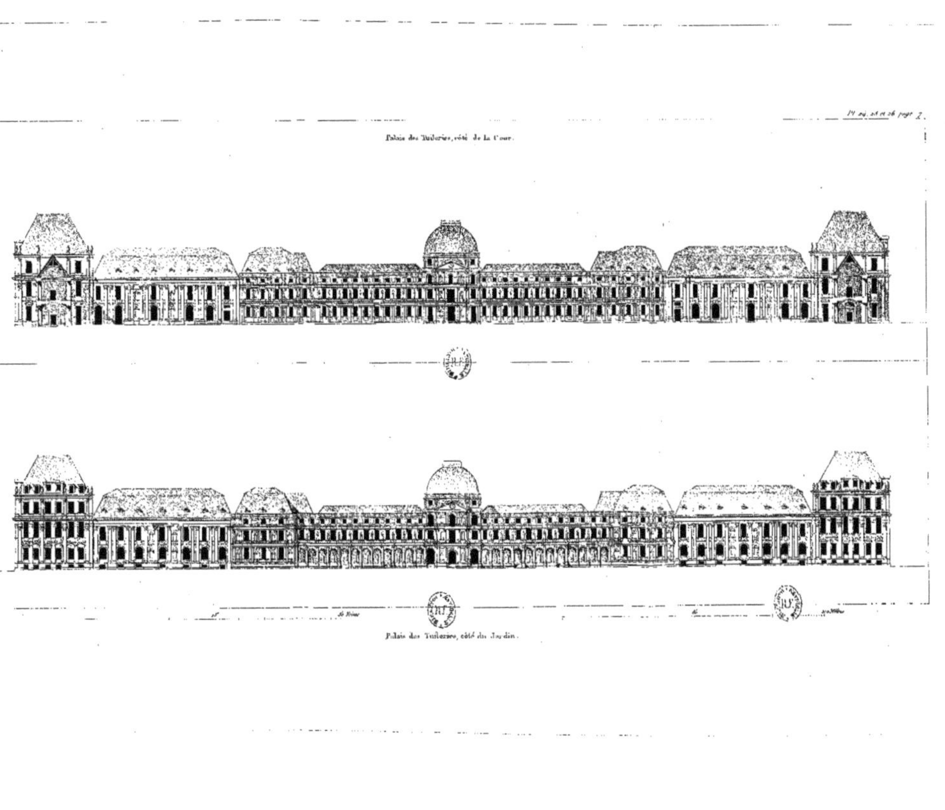

Palais des Tuileries, côté de la Cour.

Palais des Tuileries, côté du Jardin.

Cour du Louvre coté occidental appelé vieux Louvre.

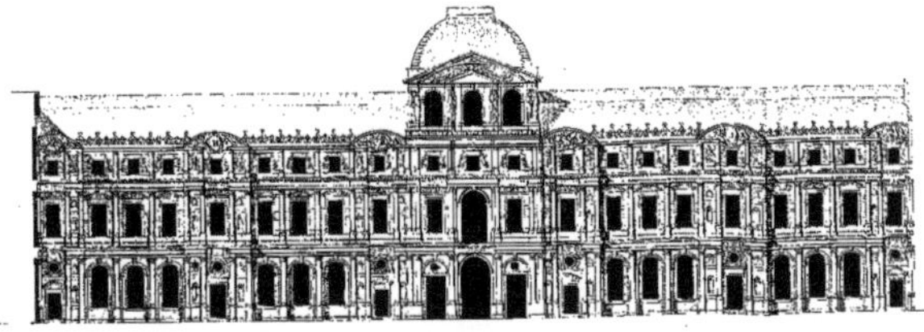

Colonnades du Louvre.

Cour du Louvre, côté oriental

Palais du Louvre, côté de la Seine.

Palais des Pairs côté de la rue de Tournon.

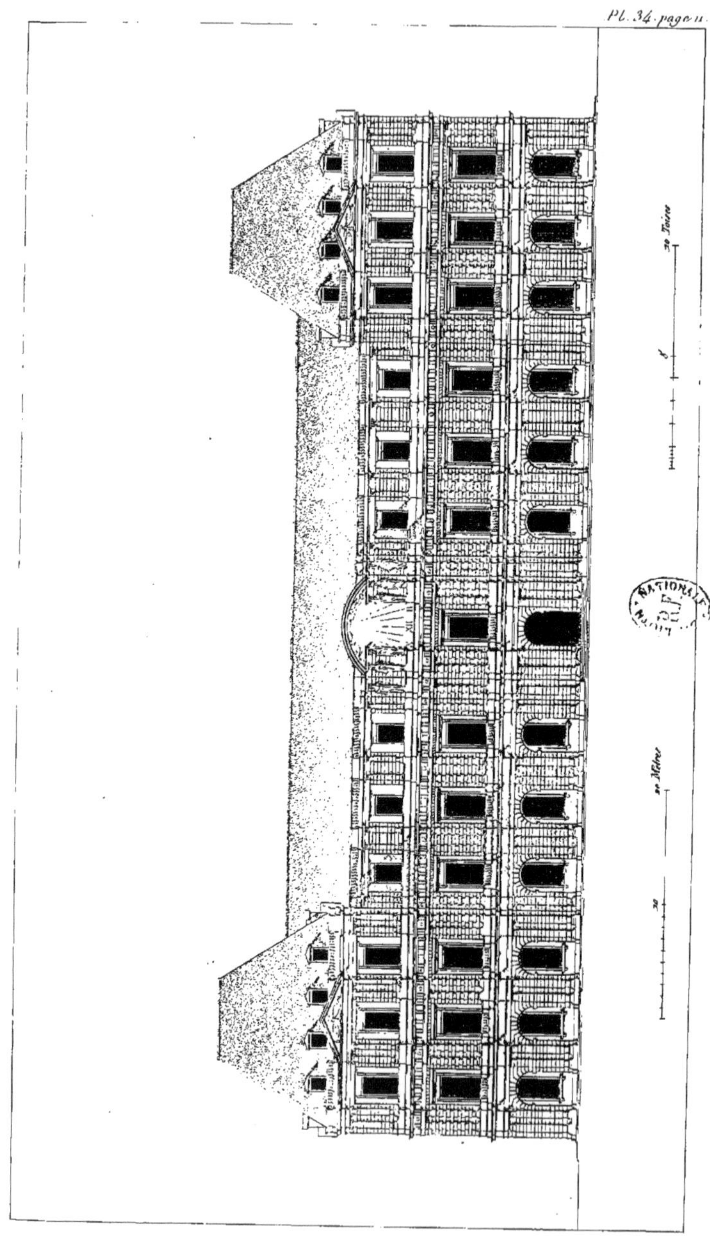

Palais des Pairs côté du Jardin.

Elévation du Palais de la Chambre des Députés coté de la cour.

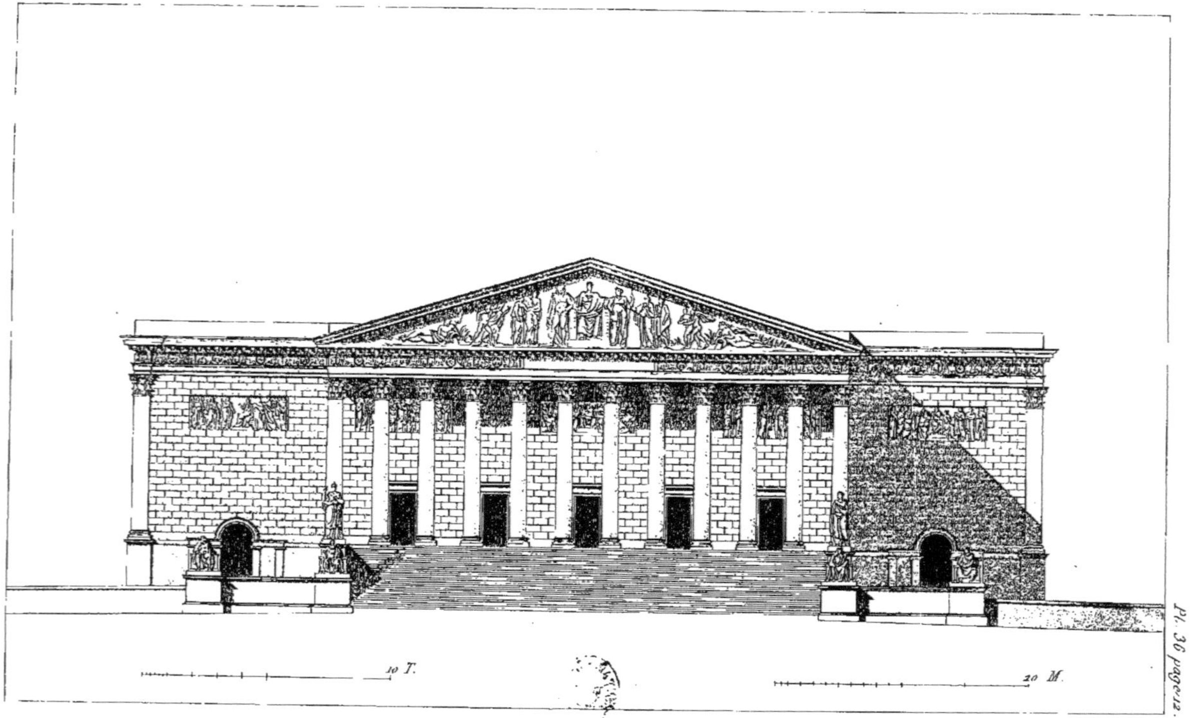

Elévation du Palais de la Chambre des Députés, coté du Pont Louis XVI

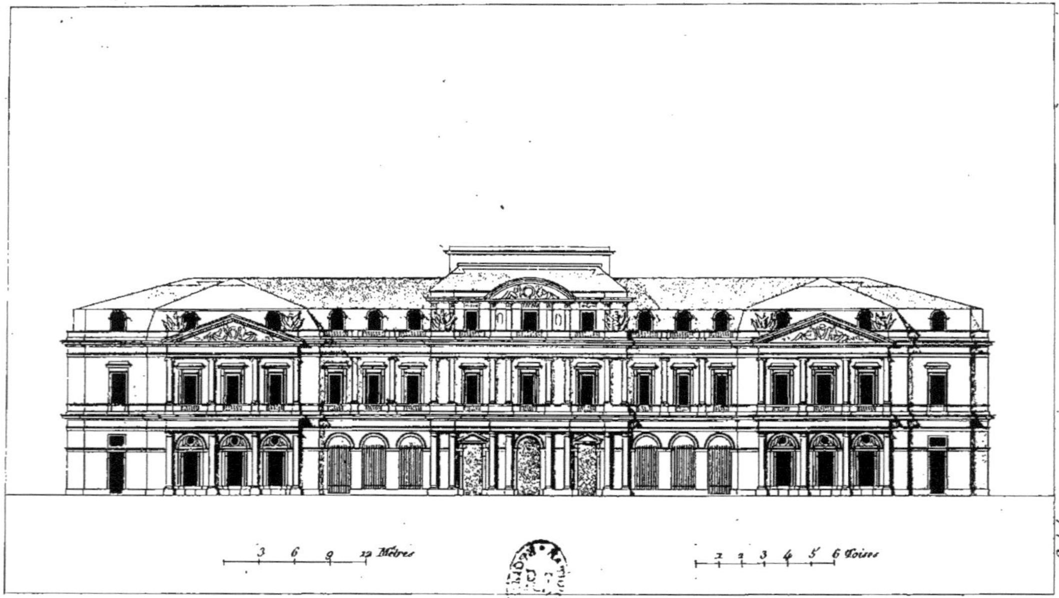

Palais Royal, côté de la rue St Honoré.

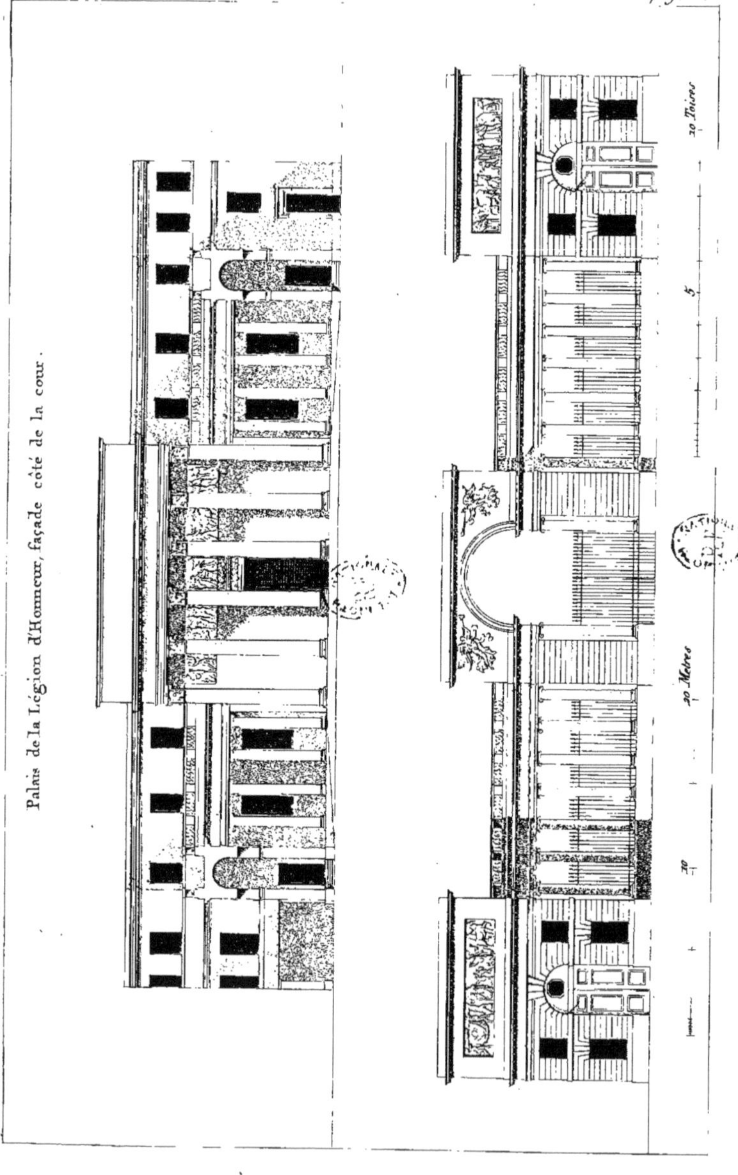

Pl. 38 page 13.
Palais de la Légion d'Honneur, façade côté de la cour.
Palais de la Légion d'Honneur, façade côté de la rue.
10 Toises
5
20 Mètres
10

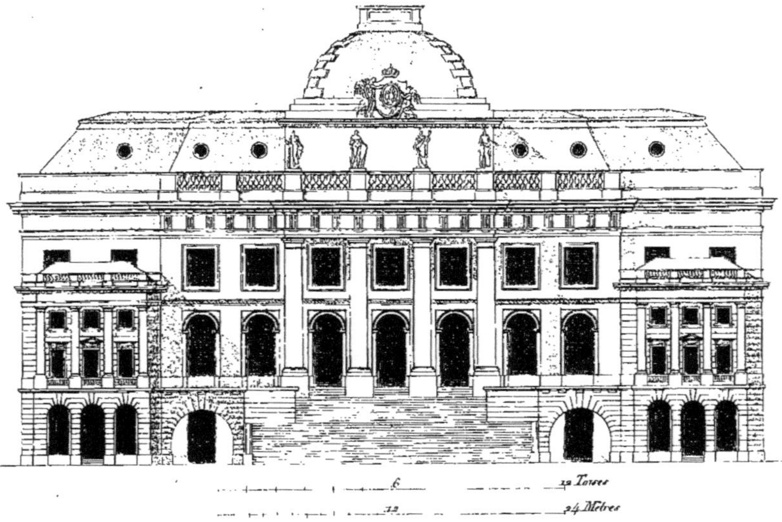

Palais de Justice.

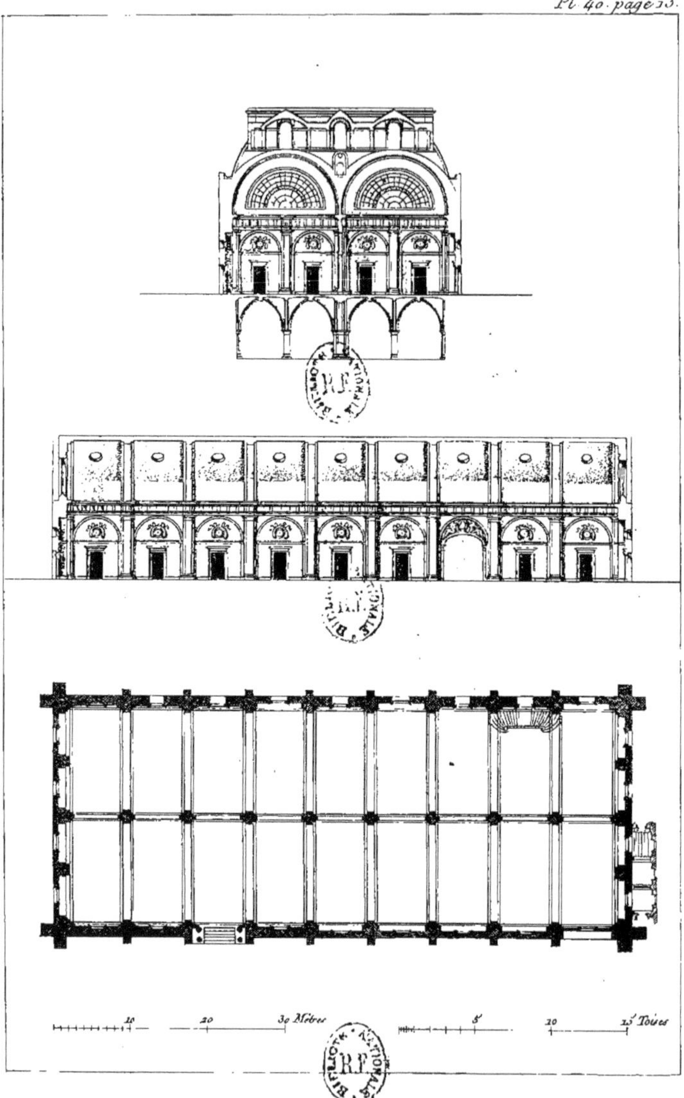

Plan et coupe de la grande salle du Palais de Justice.

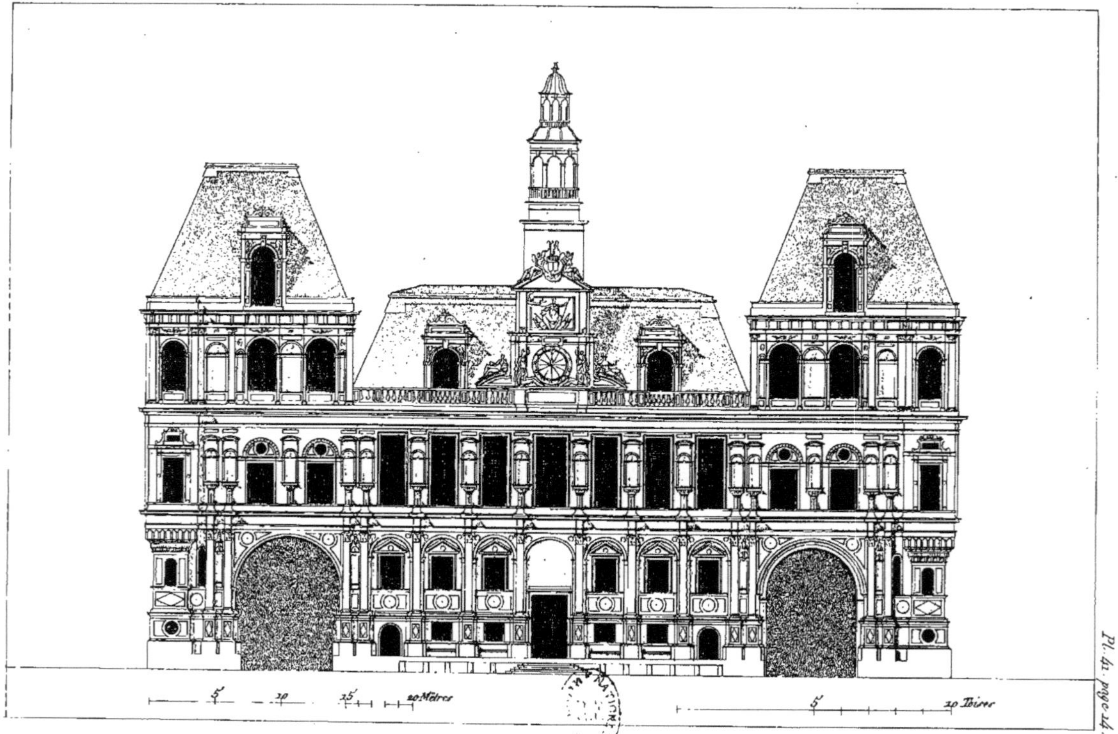

L'Hôtel de Ville.

(Voir l'Atlas pour les développements).

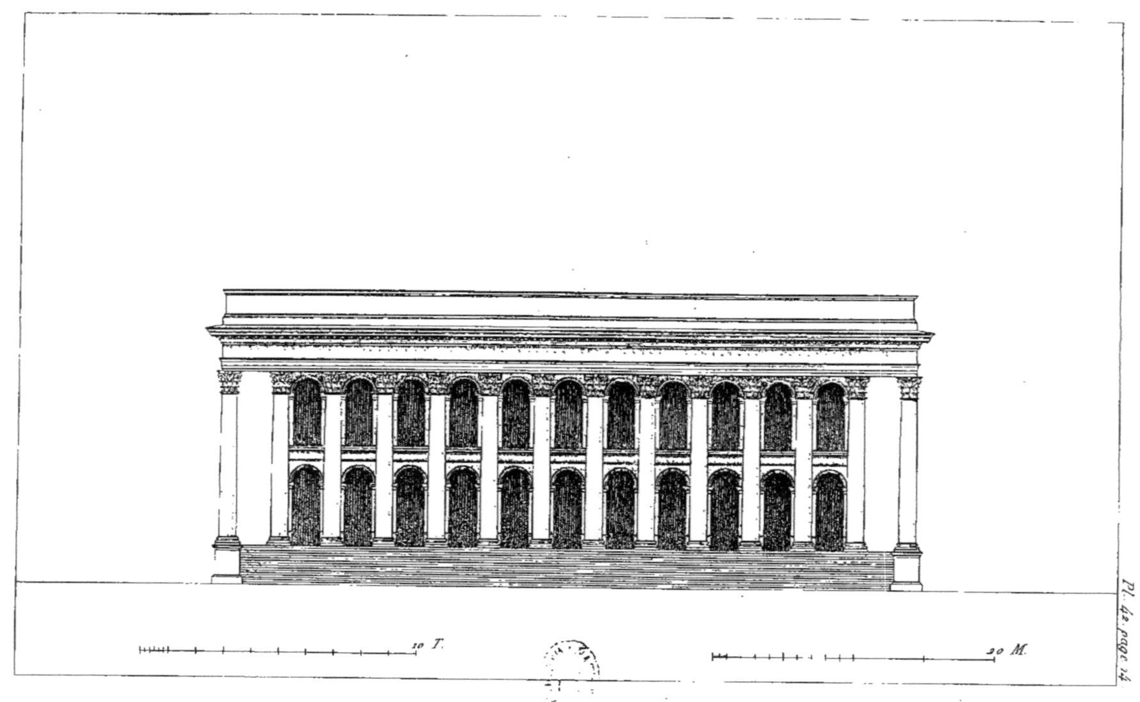

Élévation du Palais de la Bourse.

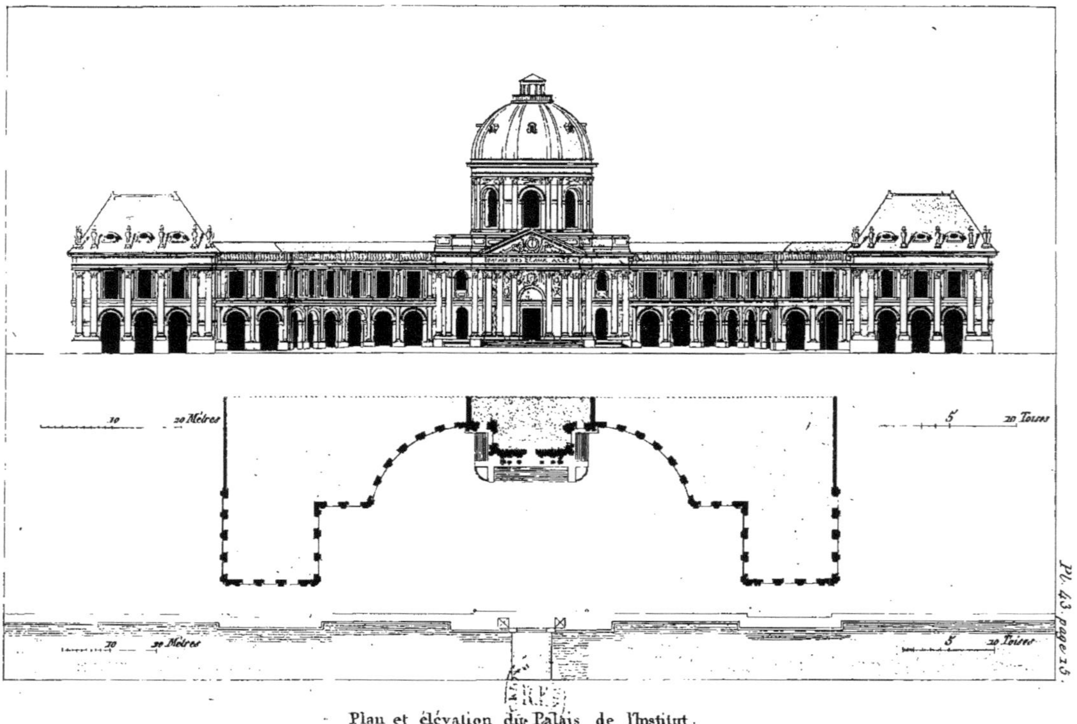

- Plan et élévation du Palais de l'Institut.

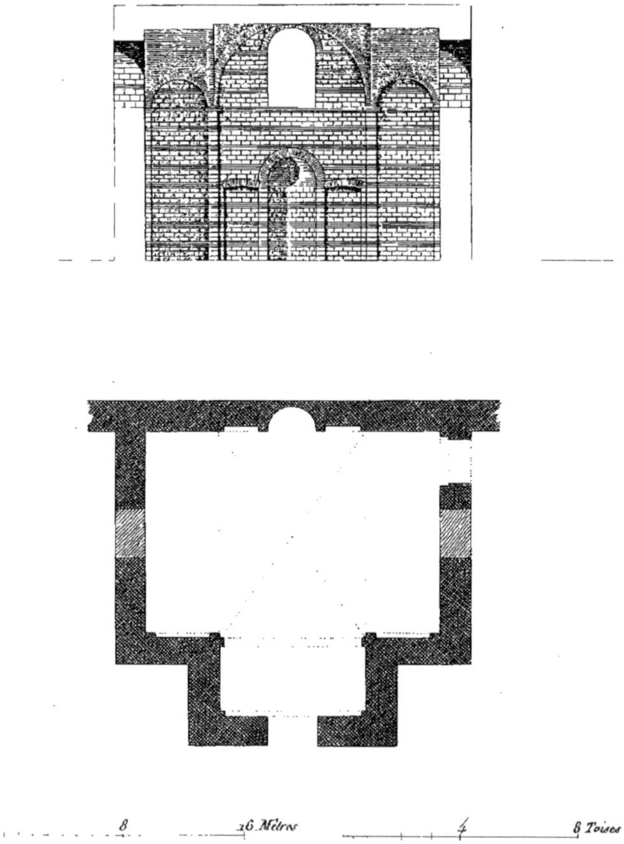

Plan et coupe d'une salle des Thermes de Julien.

Plan de la Place Royale et élévation du côté de la rue des Minimes.

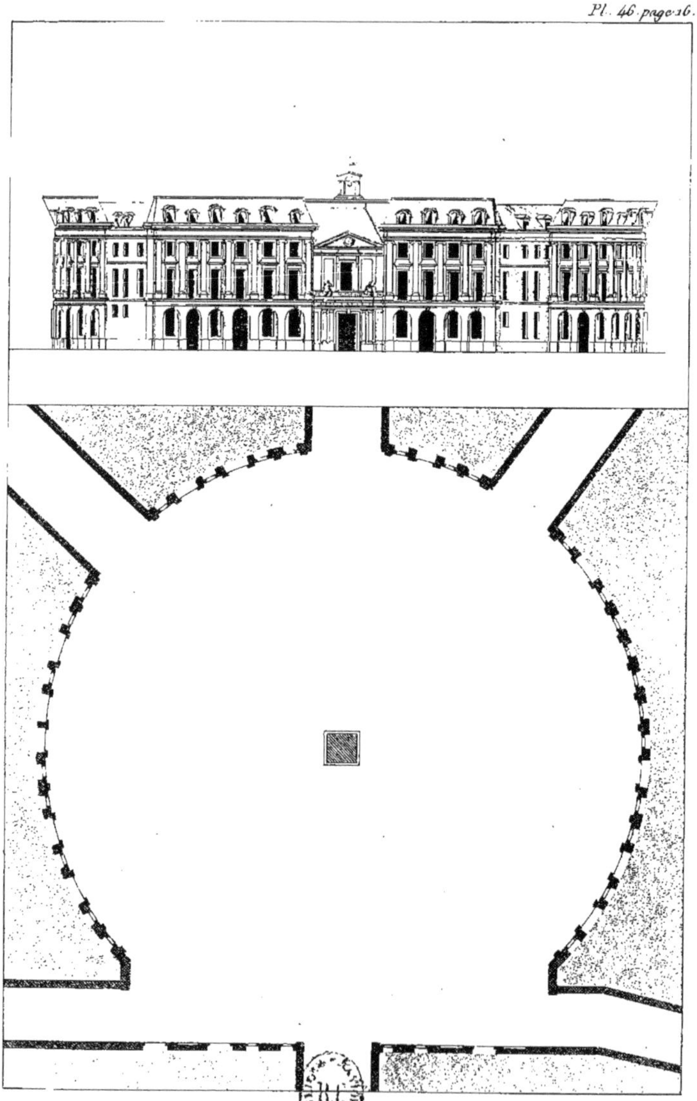

Plan de la Place des Victoires et élévation du côté de la Banque.

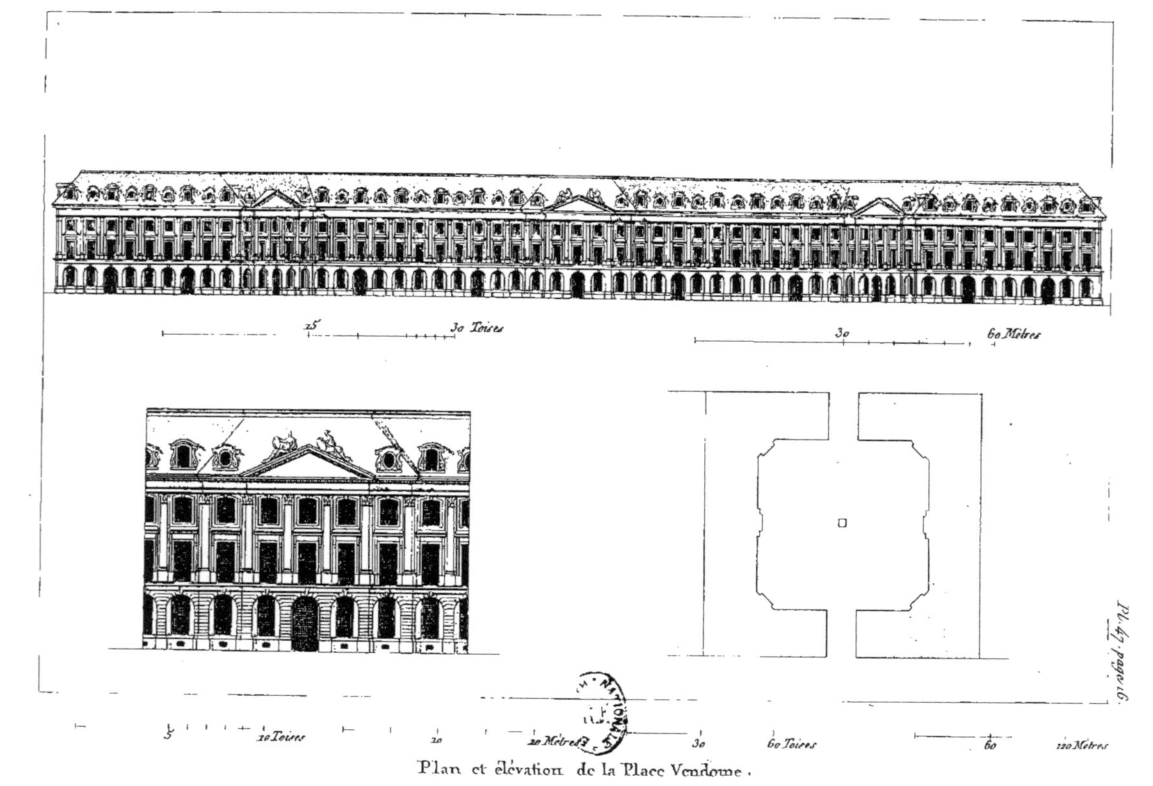

Plan et élévation de la Place Vendome.

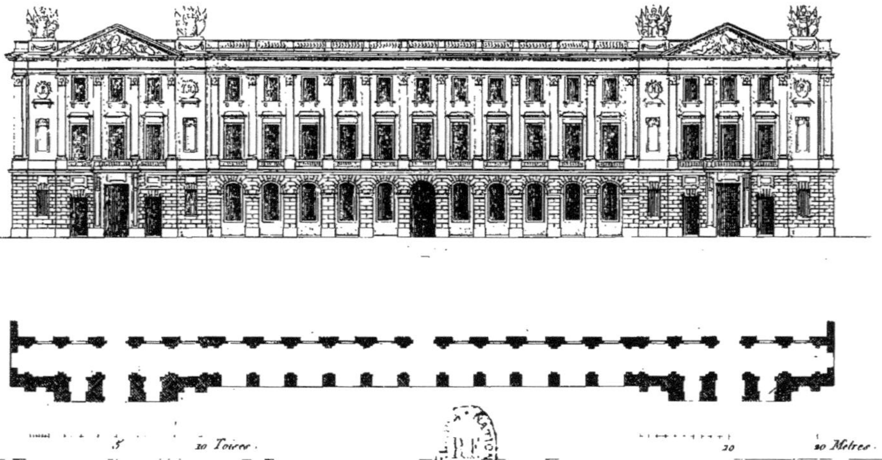

Plan et élévation de la Place Louis XV.

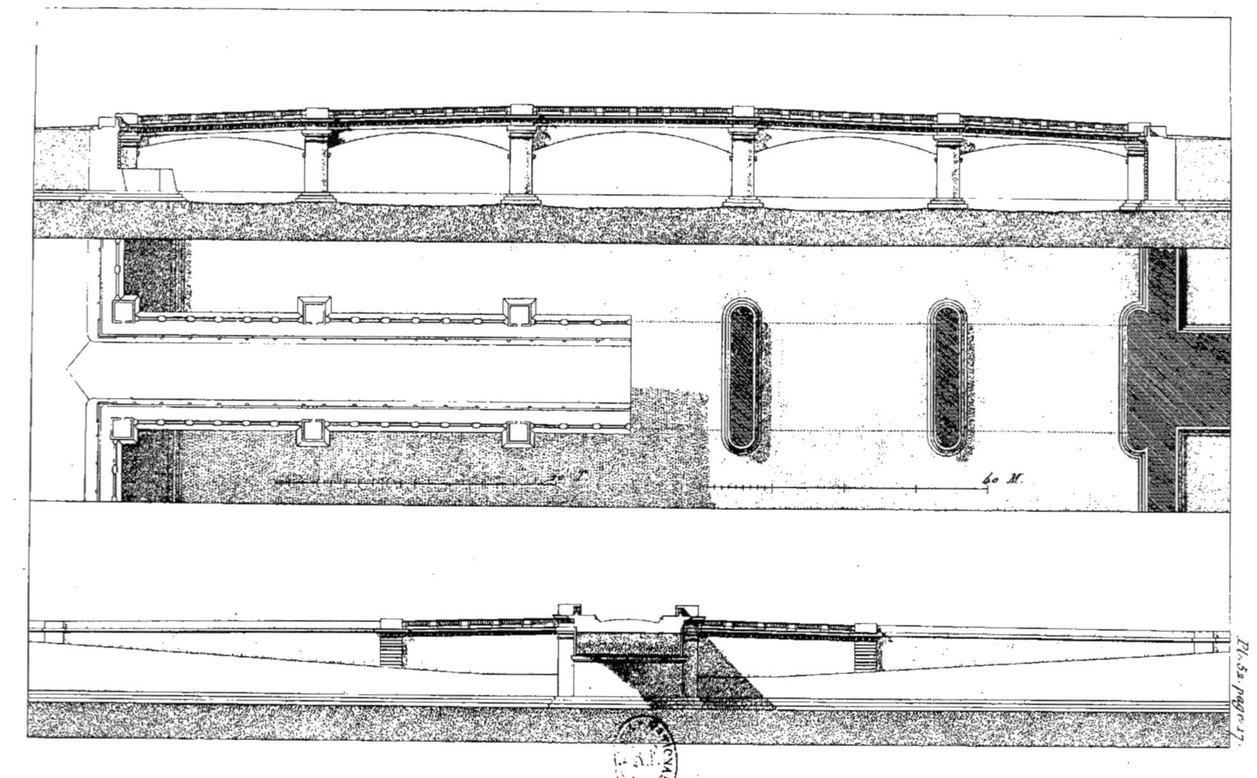

Plan Coupe et Elévation du Pont Louis XVI.

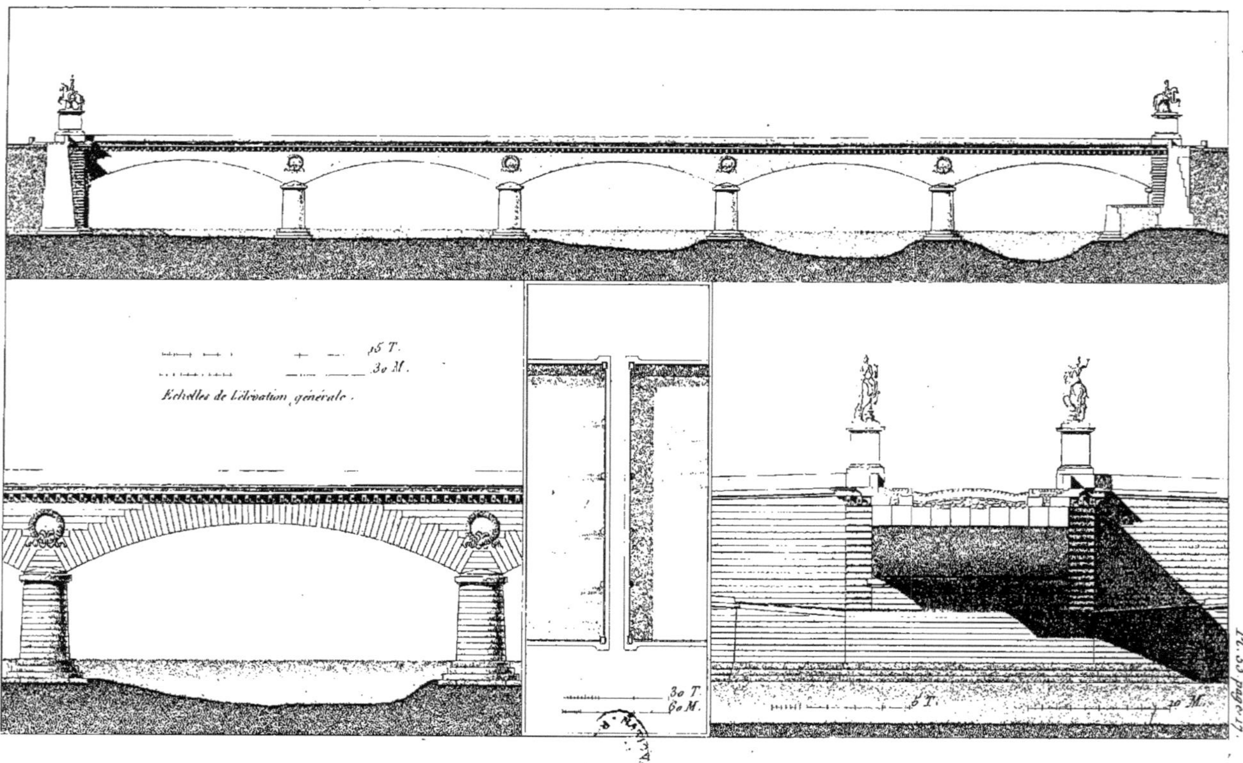

Plan Coupe et Élévation du Pont d'Iéna.

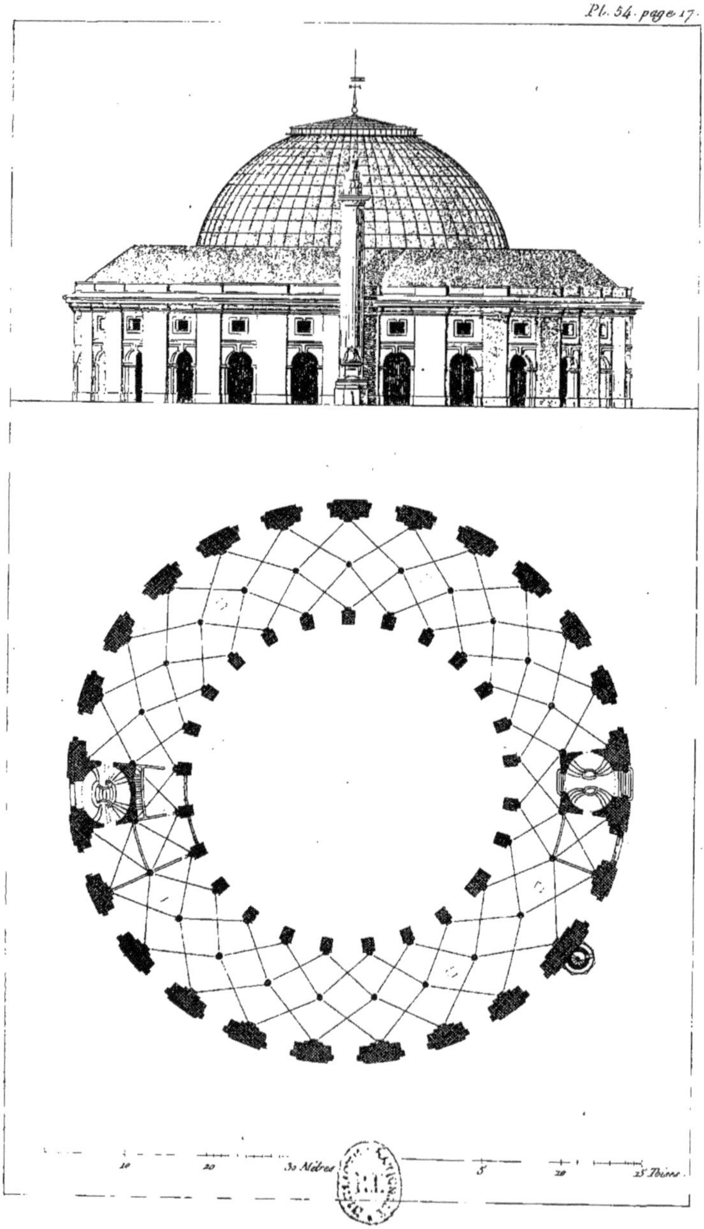

Plan et élévation de la Halle aux Blés.

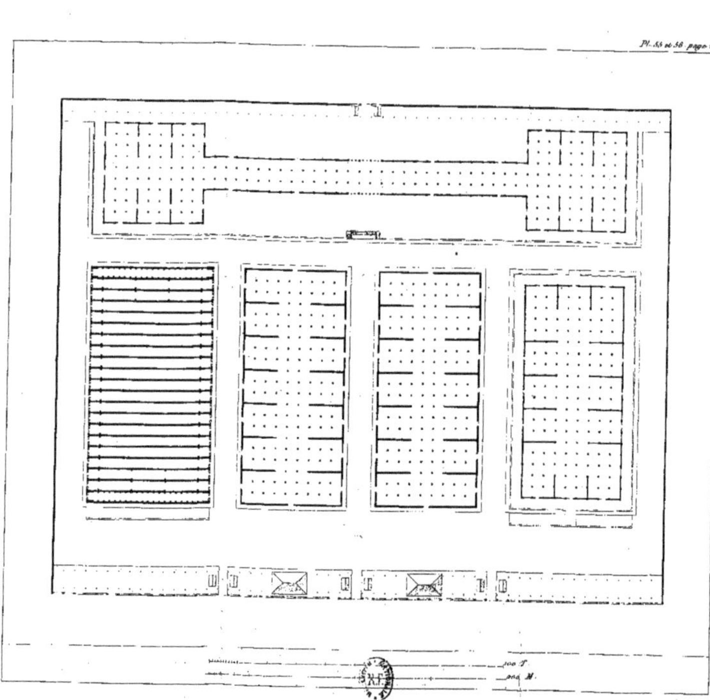

Plan de la Halle aux Vins.

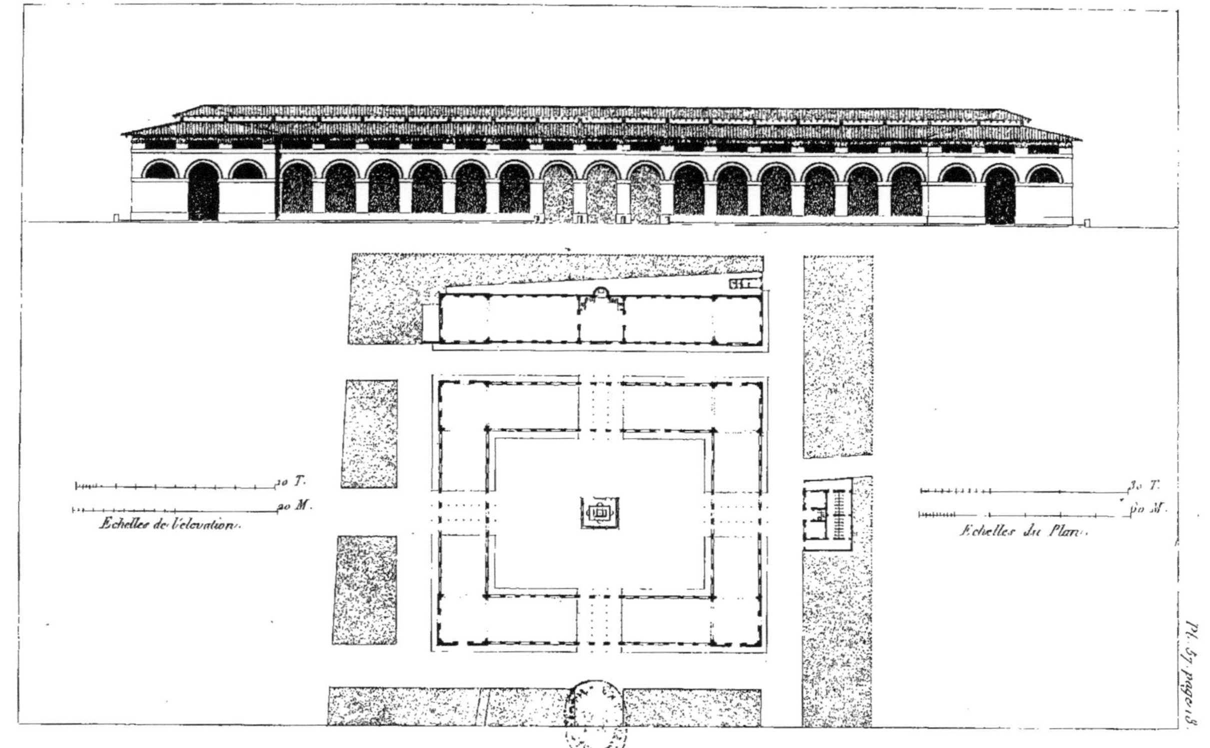

Plan et élévation du Marché St. Germain.

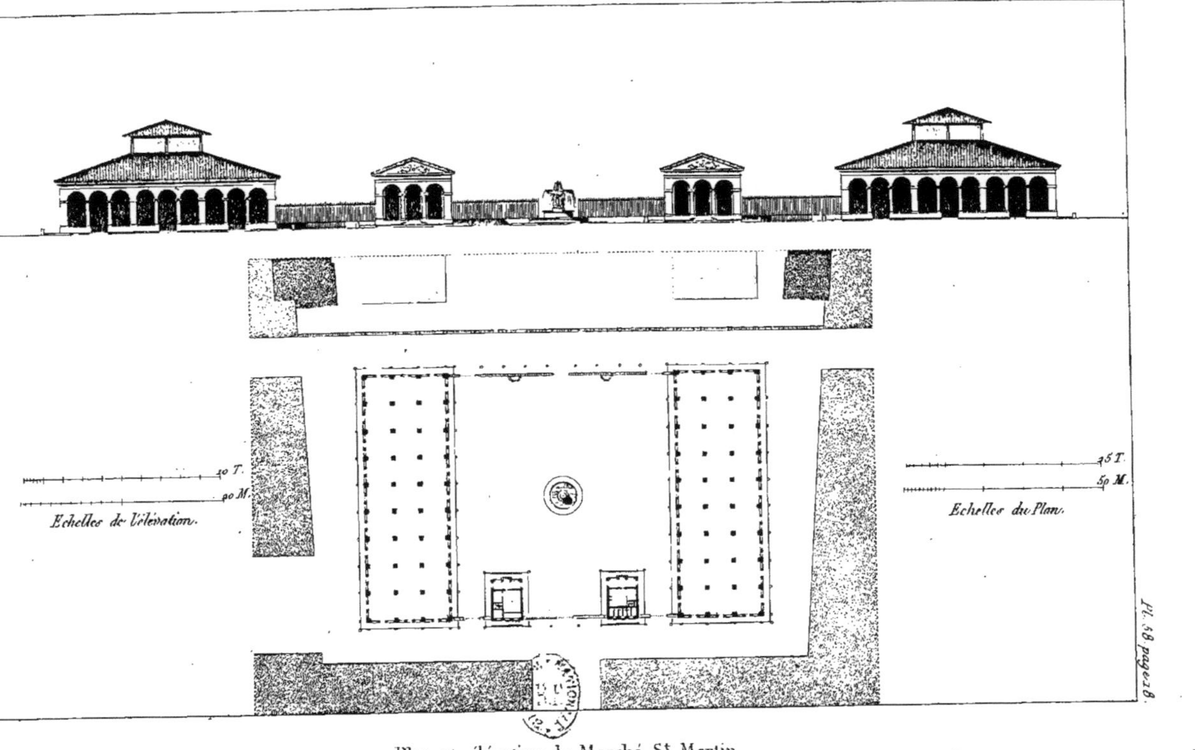

Plan et élévation du Marché St Martin

Coupe sur la longueur de la Cour des Invalides.

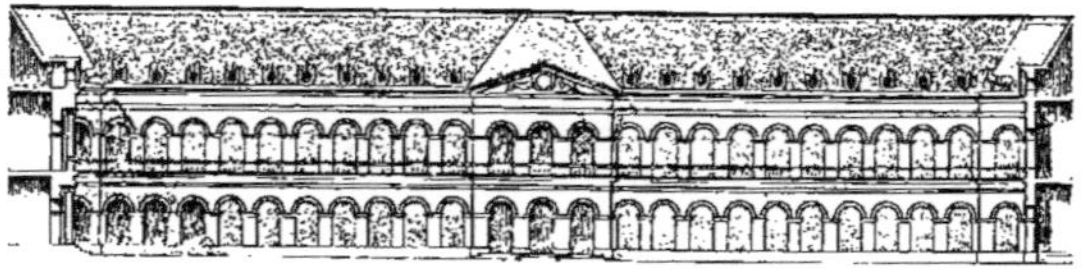

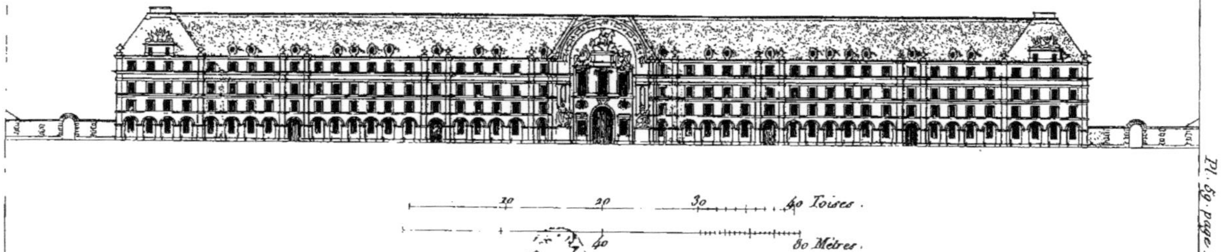

Élévation générale de l'Hôtel des Invalides, côté de la Rivière.

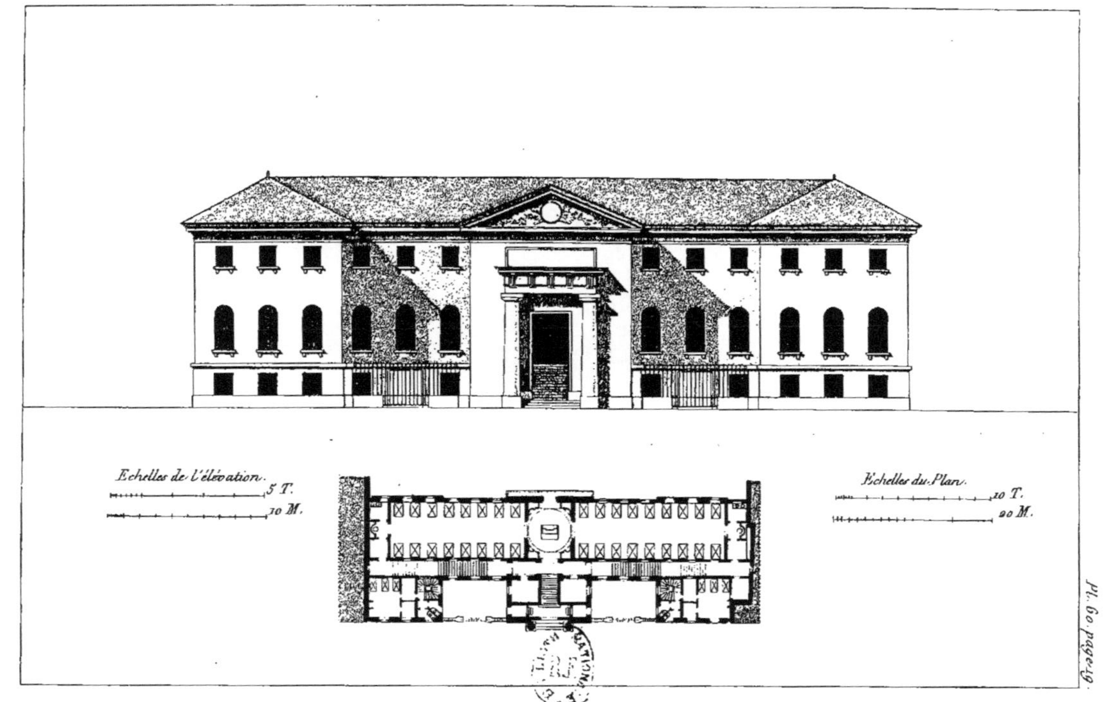

Plan et élévation de l'Hospice Cochin.

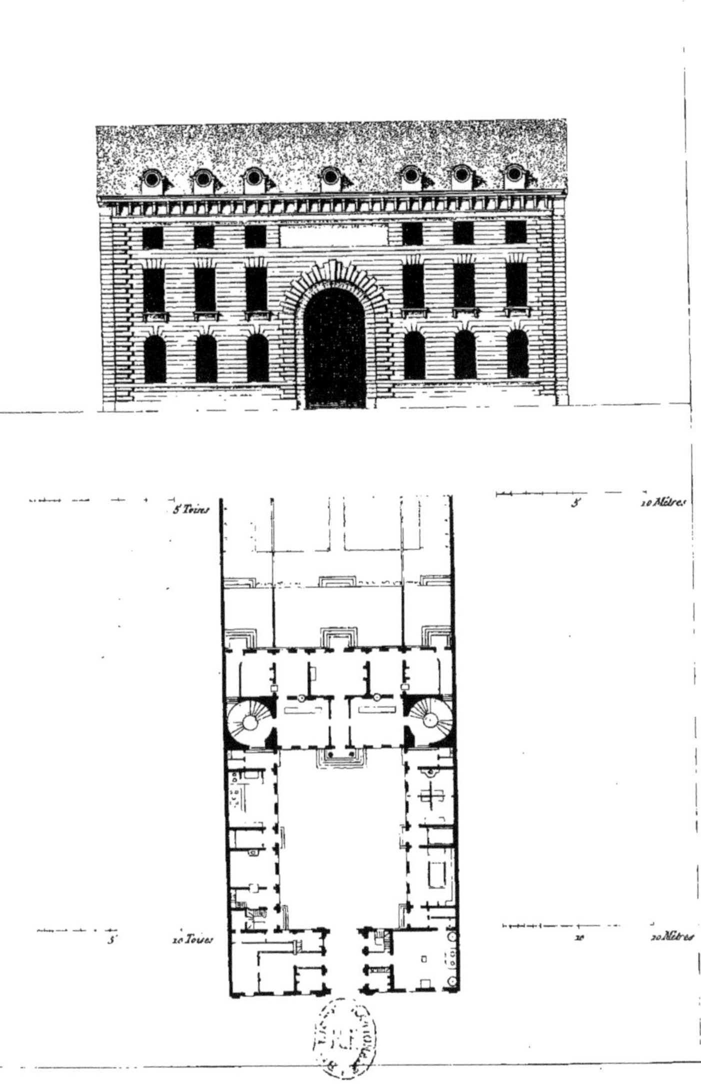

Plan et élévation de l'Hopital Beaujon.

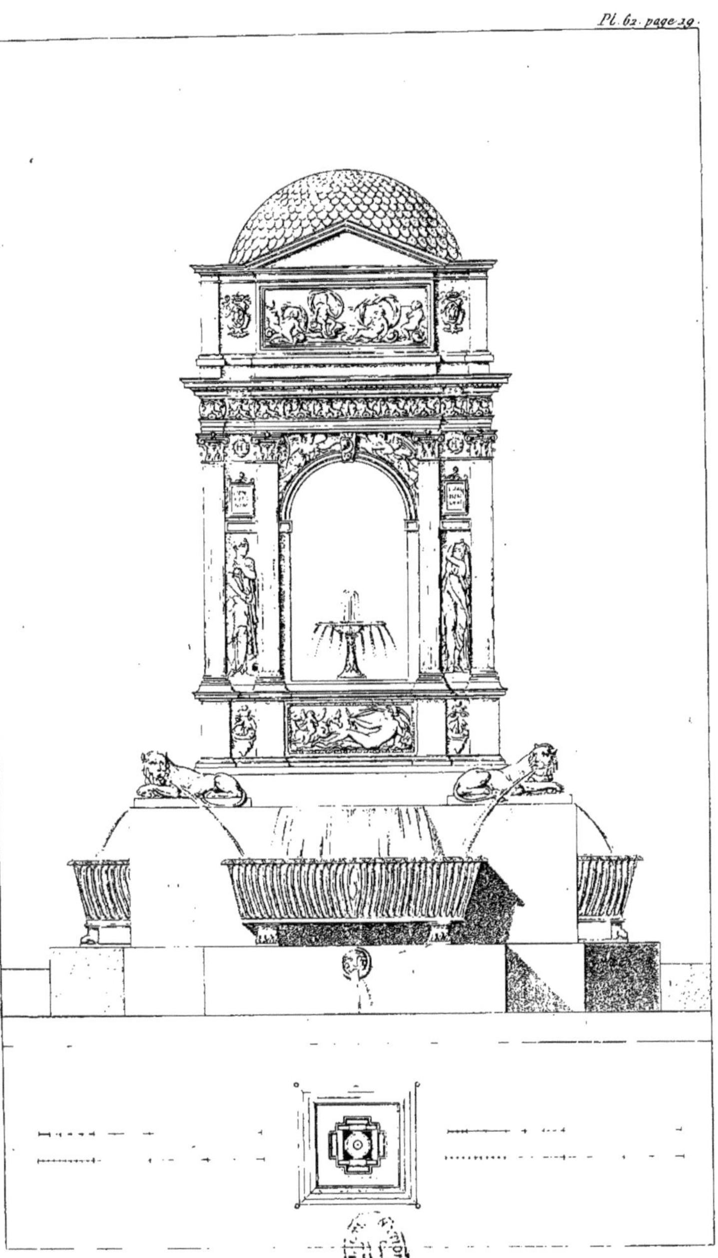

Plan et Élévation de la Fontaine des Innocens.

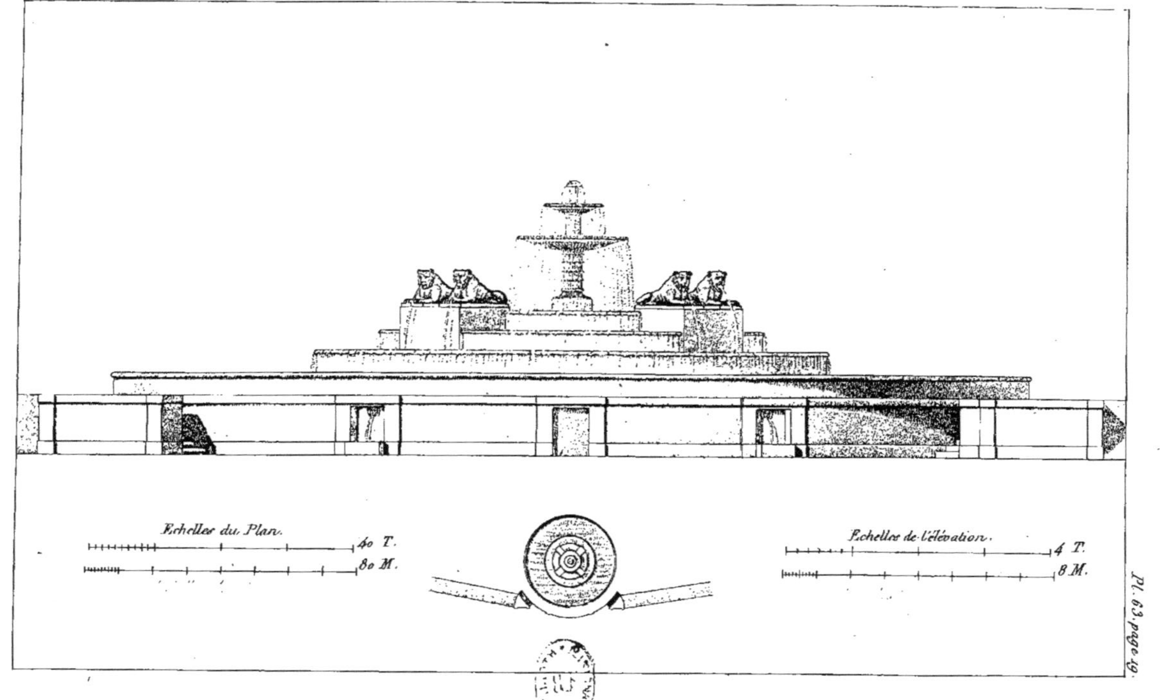

Plan et élévation du Château d'eau du boulevard St Martin.

Elévation de l'École Militaire du coté du Champ de Mars.

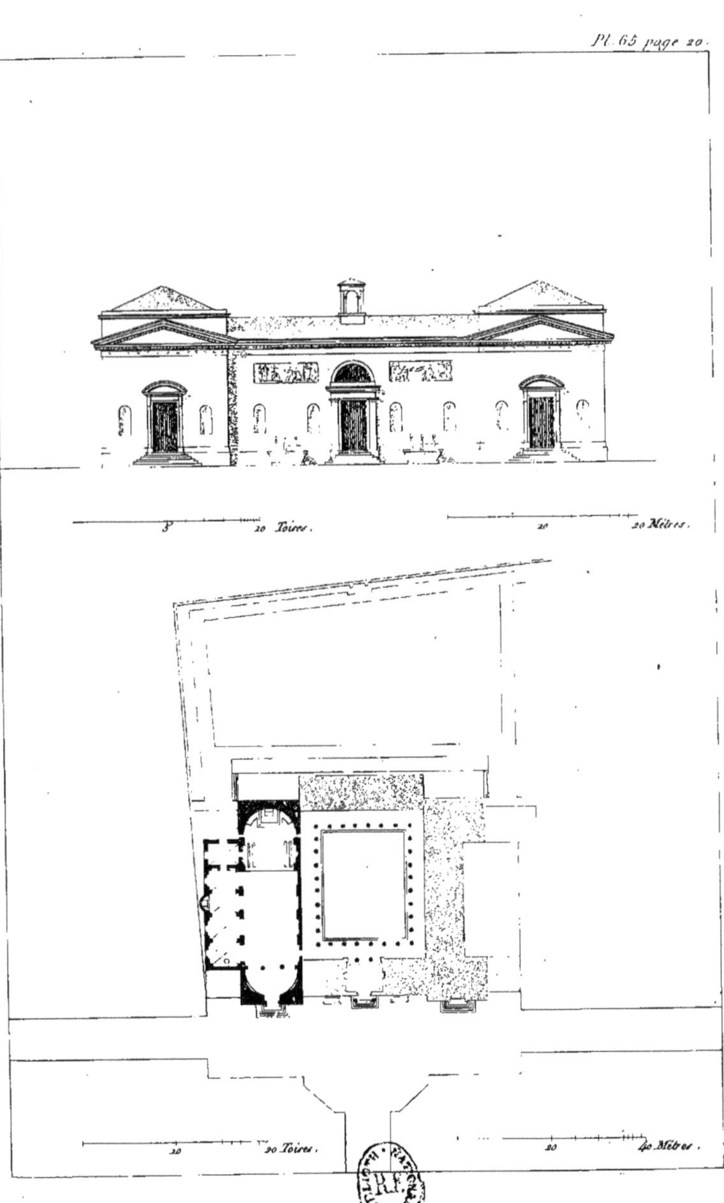

Plan général et élévation du Collége Bourbon.

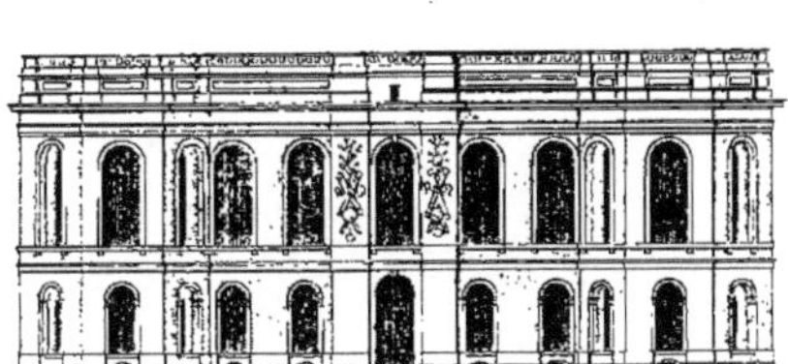

Élévation de l'Observatoire, côté du midi.

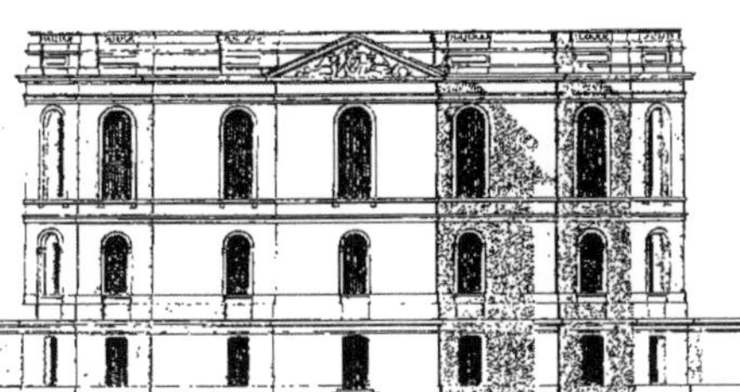

Élévation, côté du nord.

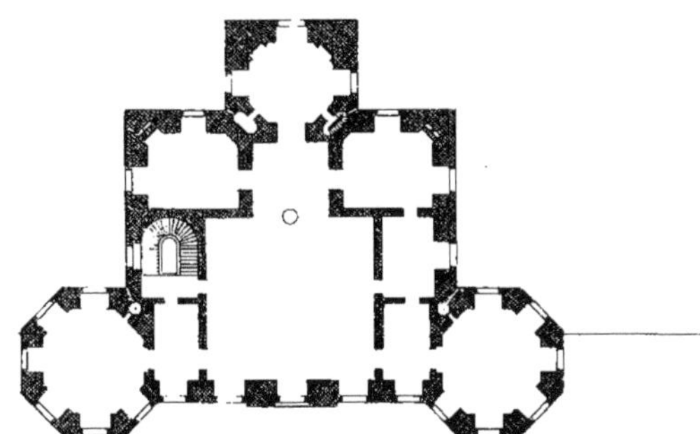

Plan du premier étage.

10   20 Mètres

5   10 Toises

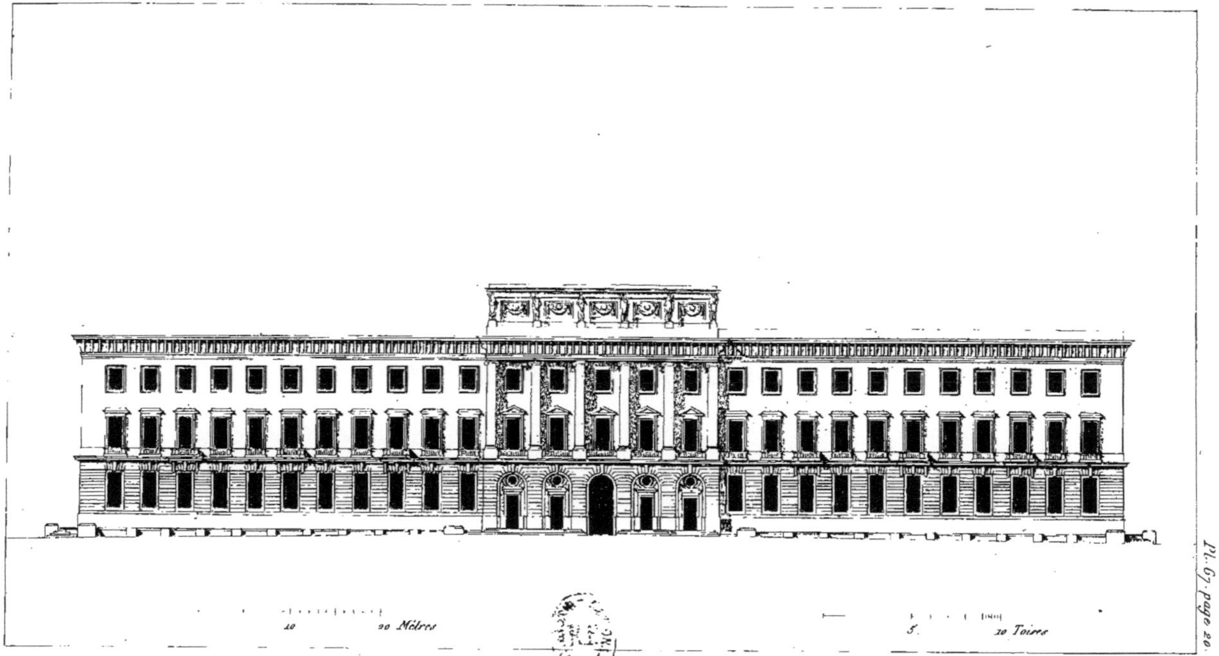

Façade de l'Hôtel des Monnaies.

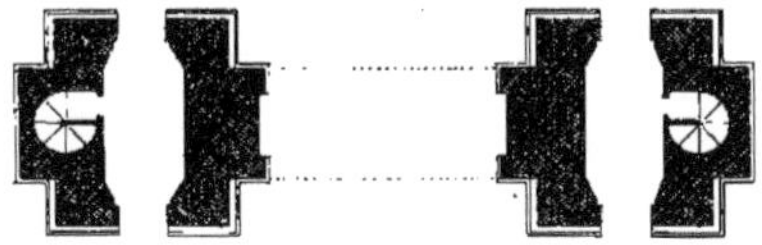

6 Toises | 6 | 12 Mètres

Plan et élévation de la Porte St Denis.

Plan et élévation de la Porte St. Martin.

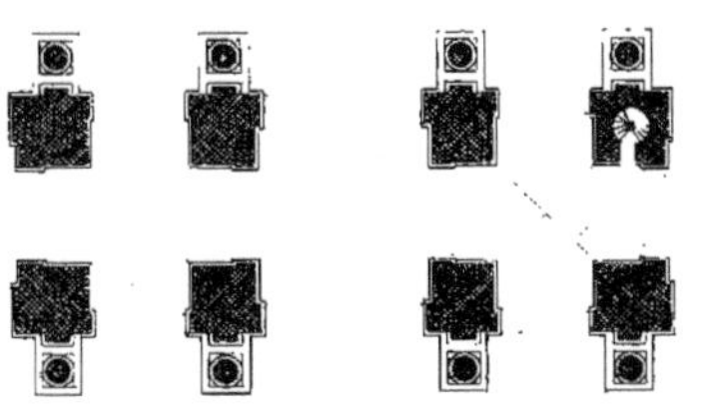

Plan et élévation de l'Arc de Triomphe des Tuileries.

Colonne de la Place Vendome.

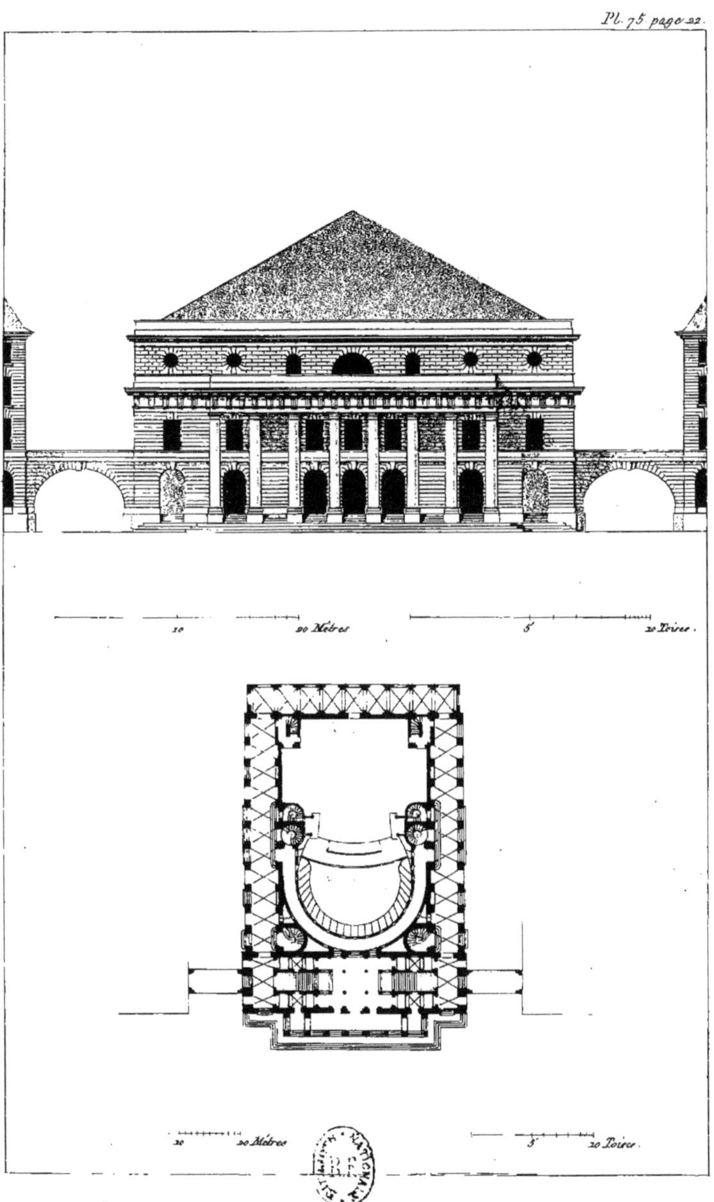

Plan et élévation du Théâtre de l'Odéon.
Avec les anciennes Arcades.

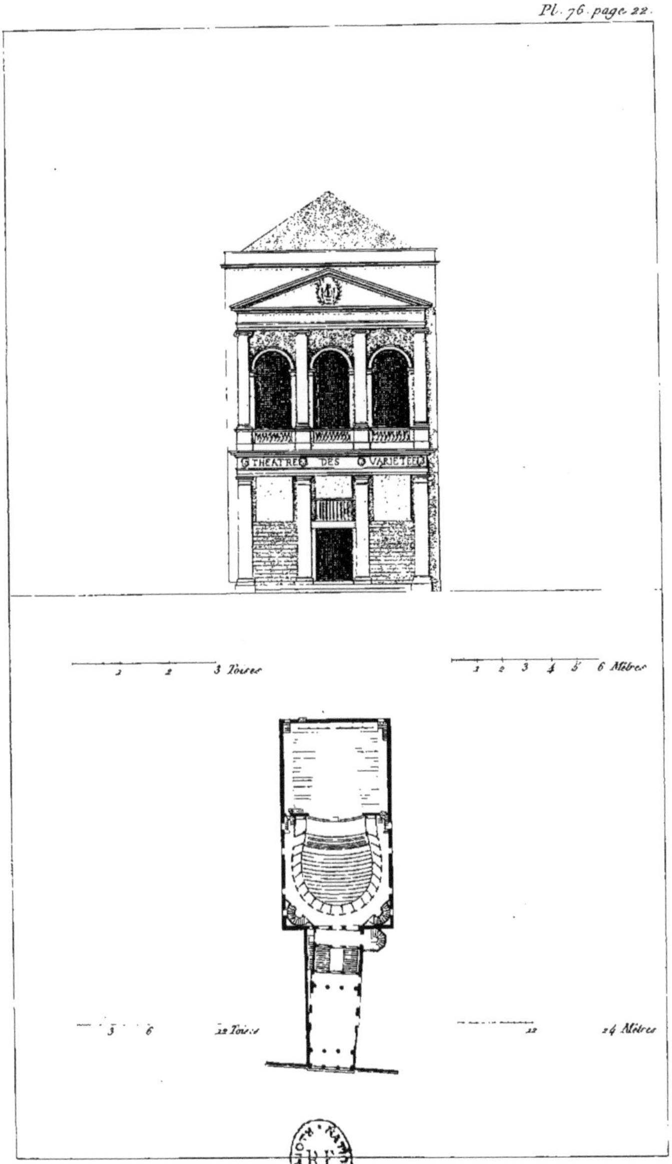

Plan et élévation du Théâtre des Variétés.

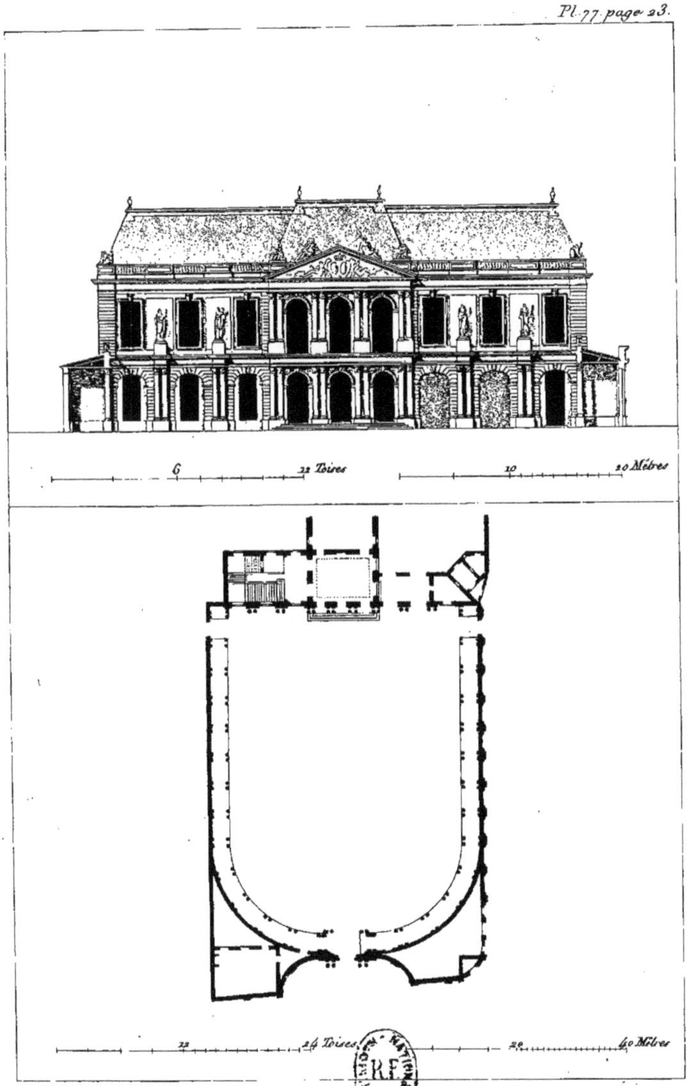

Plan et Façade de l'Hôtel de Soubise.

Élévation de l'Hôtel de Carnavalet, rue de la Culture Ste Catherine.

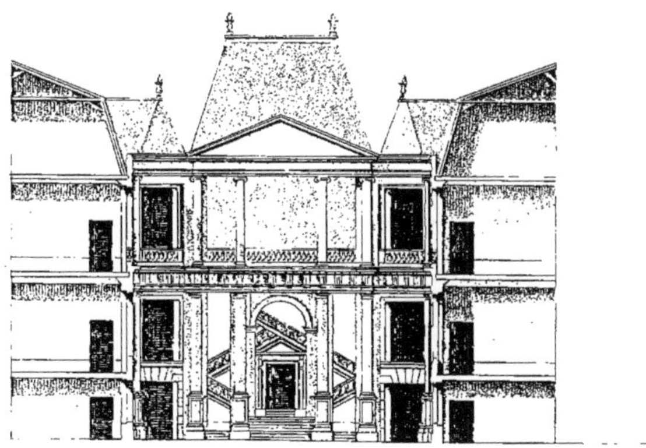

Élévation au fond de la Cour de l'Hôtel Lambert, Isle St Louis.

Élévation de l'Hôtel Davaux, côté de la Cour.

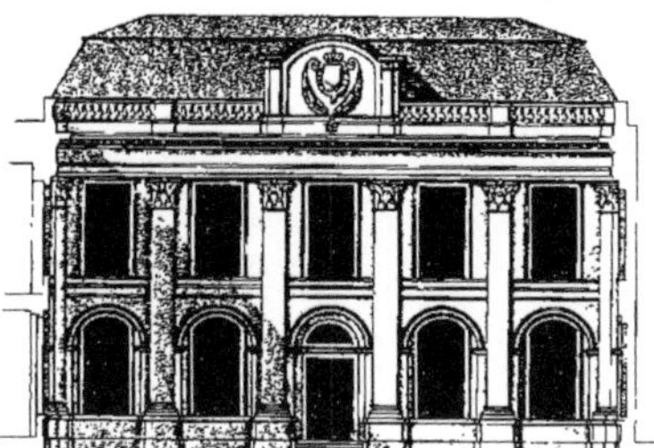

Élévation de l'Hôtel Davaux, côté du Jardin.

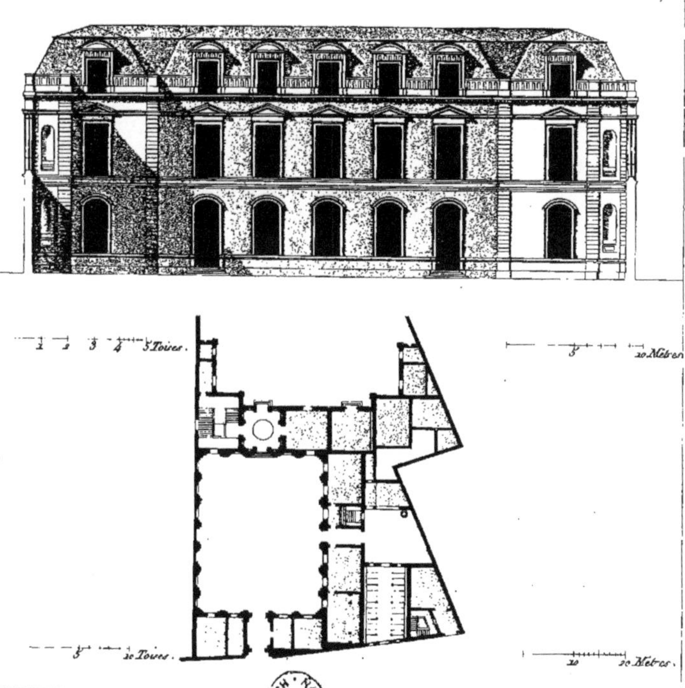

Plan de l'Hôtel Davaux, Rue S.te Avoye.

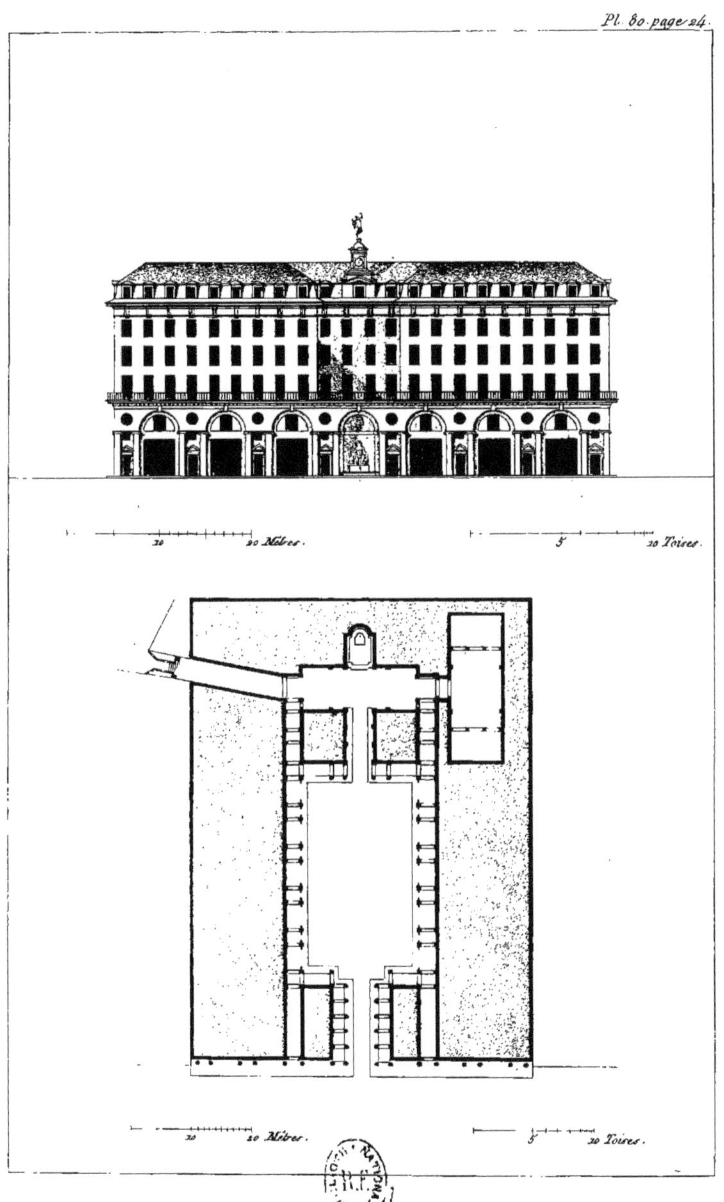

Plan et élévation de la maison Batave, Rue St Denis.

ENVIRONS DE PARIS.

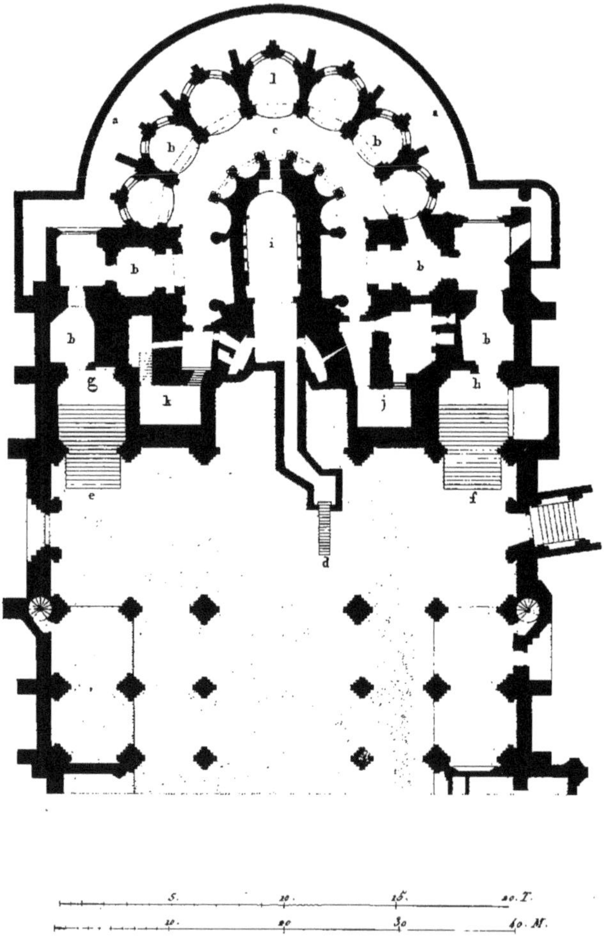

Plan de la Crypte, ou Eglise Souterraine de St Denis.

Élévation de l'Église de St Denis.

A. Côté de la Cour.

B. Côté du Jardin.

Echelles du Plan.

Echelles des Elevations.

Plan et Élévations, d'une Maison à Eaubonne.

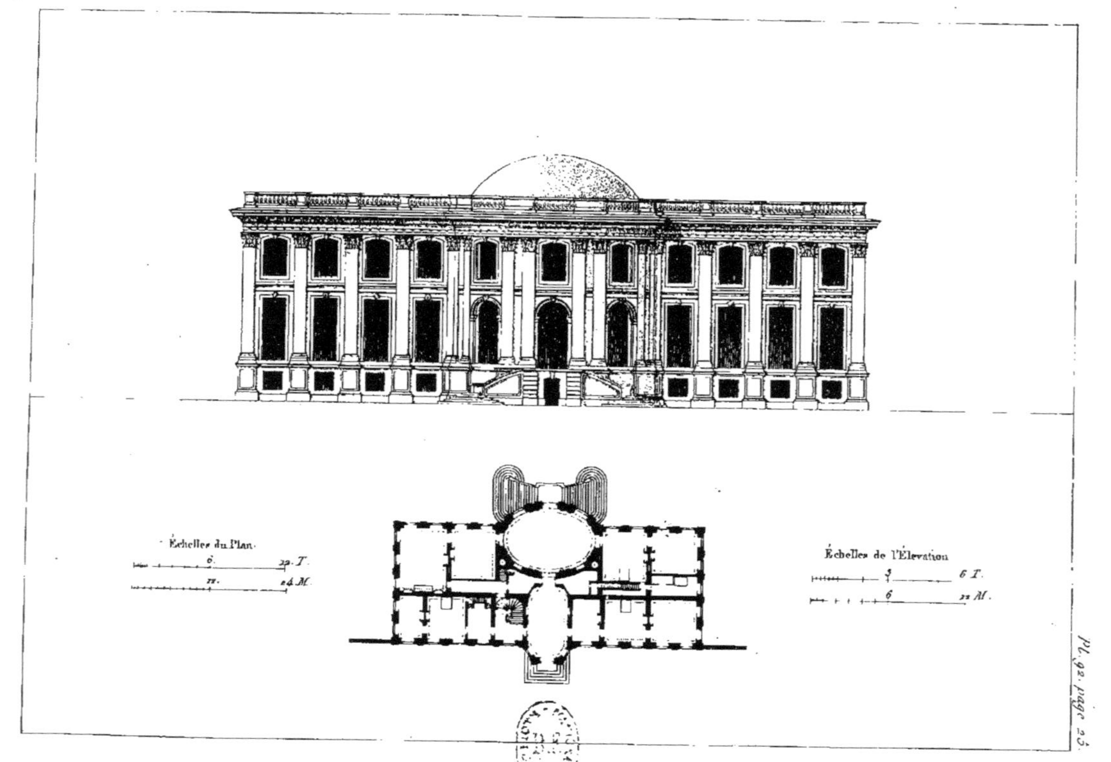

Plan et Élévation de l'ancien Château de Montmorency.

Porte, au fond de la Cour.

Avant-Corps, sur la Cour à gauche.

Portiques, de la Cour du Château d'Écouen.

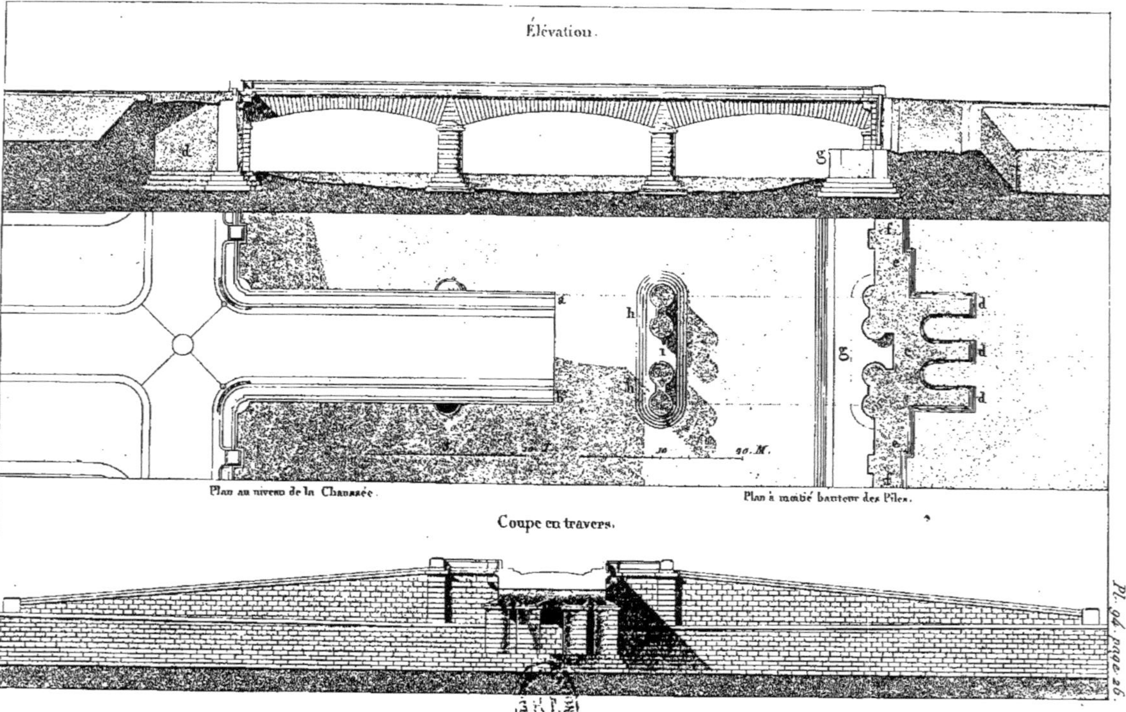
Pl. 94. page 26.
Élévation.
Plan au niveau de la Chaussée.
Plan à moitié hauteur des Piles.
Coupe en travers.
Pont, de Pont-S.t-Maxence.

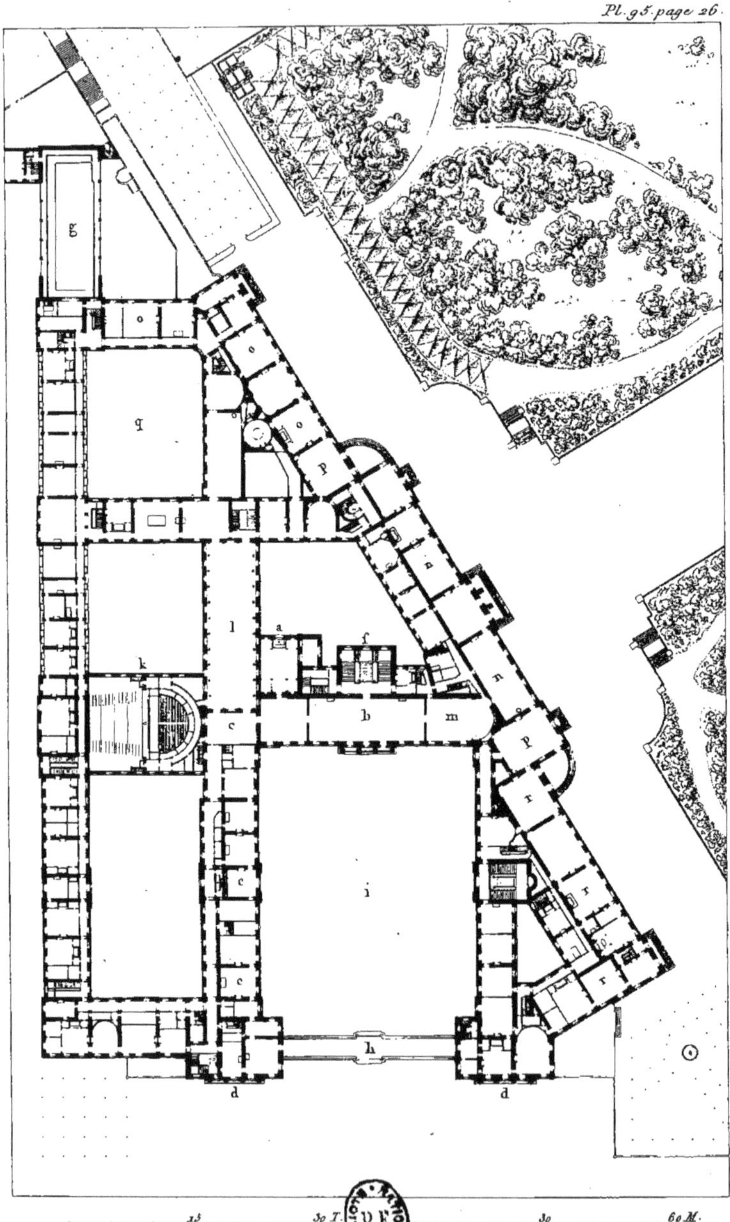

Plan Général du Château de Compiegne, au bel étage.

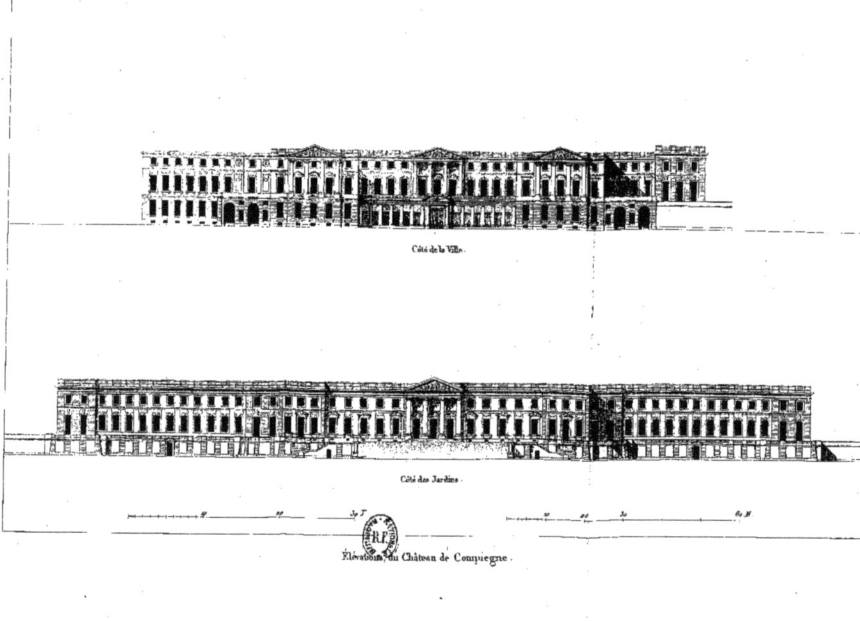

Élévations du Château de Compiègne.

Porte en Arc-de-Triomphe du Château de Vincennes.

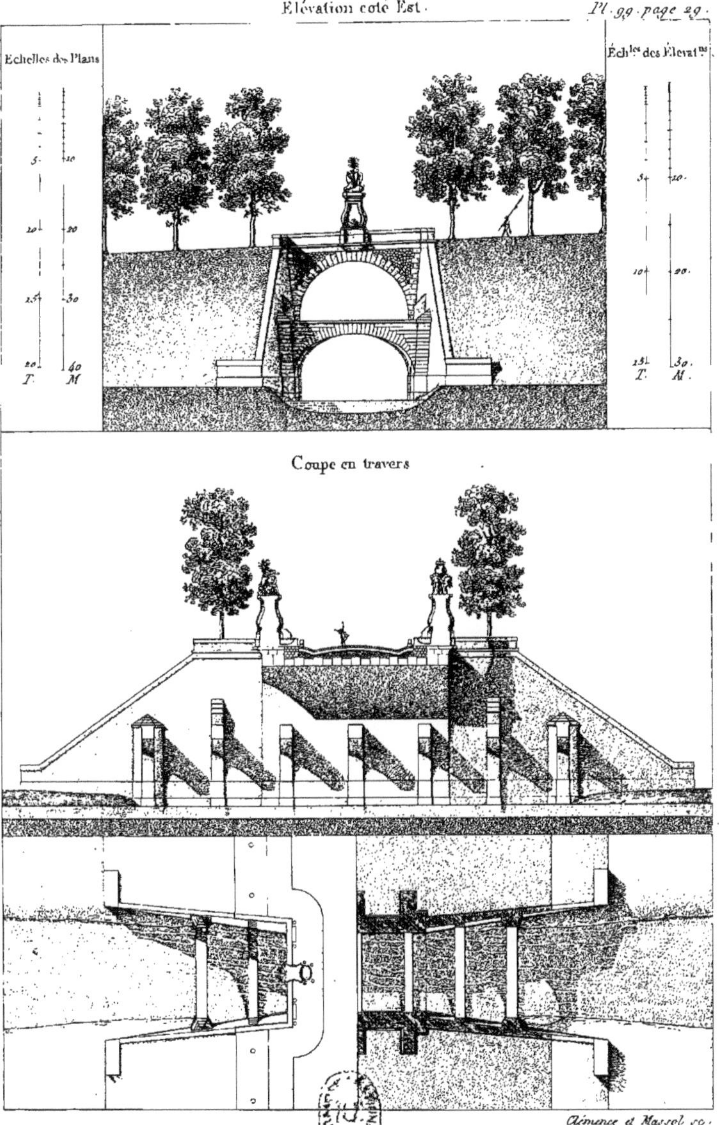

Pont des Belles fontaines, à Juvisy.

1ᵉʳ Étage.

Rez-de-Chaussée.

Plans et Élévation de la Halle au Blés de Corbeil.

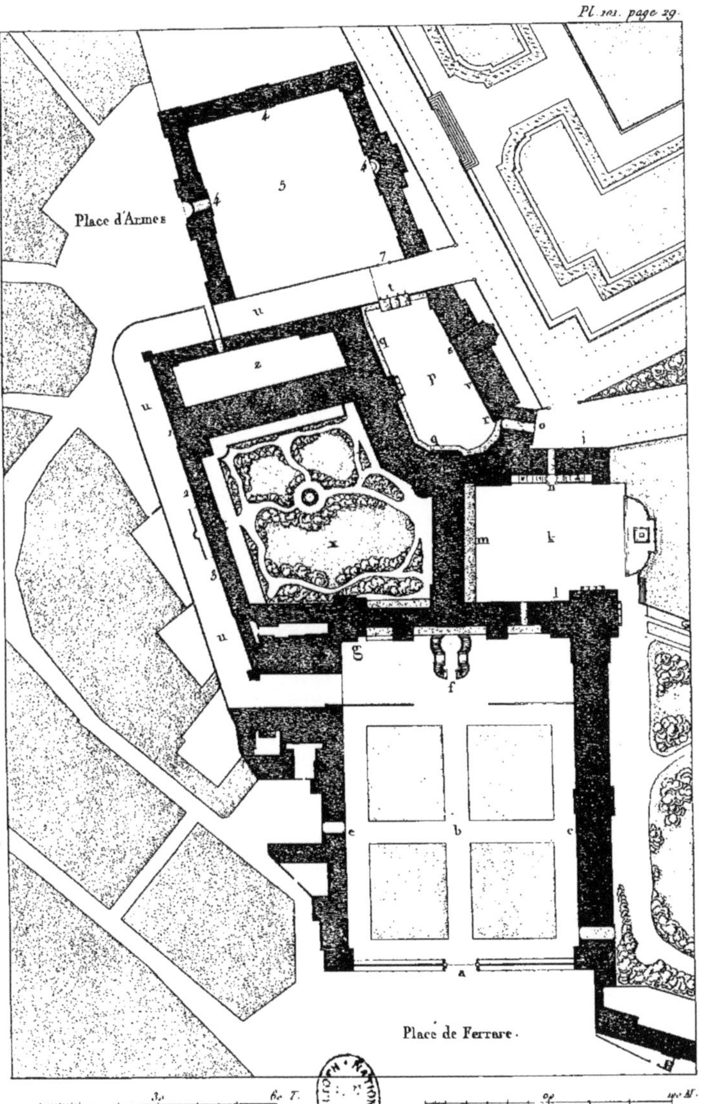

Plan Général, du Château de Fontainebleau.

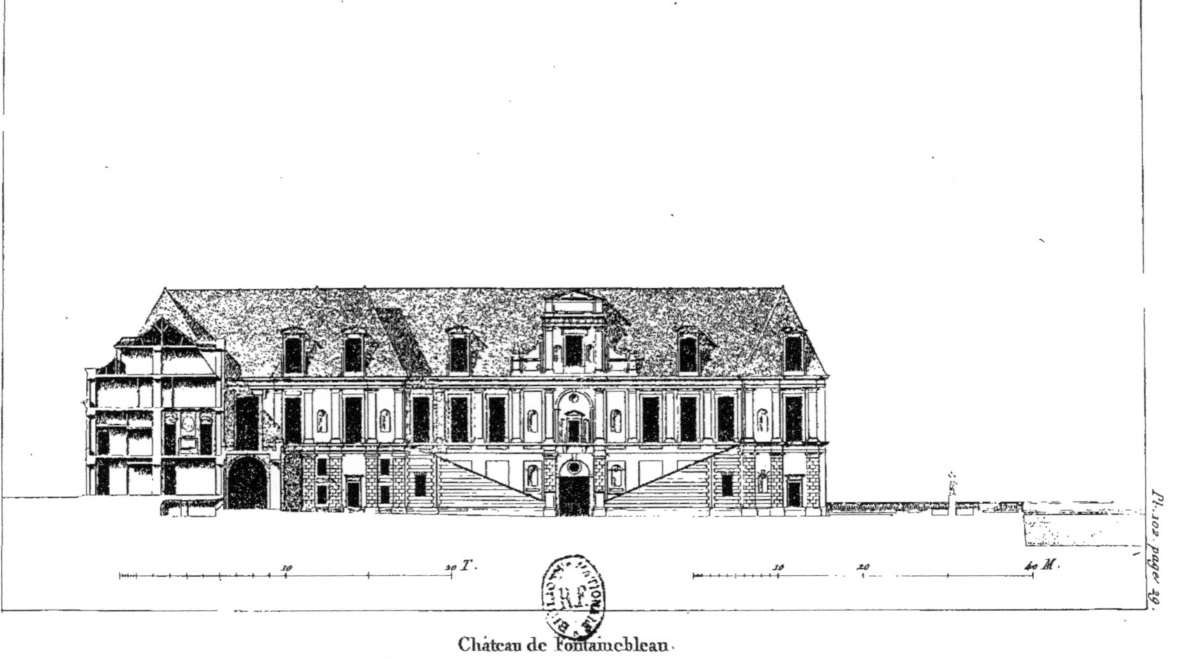

Château de Fontainebleau.
Élévation de l'aile gauche, de la Cour de la Fontaine.

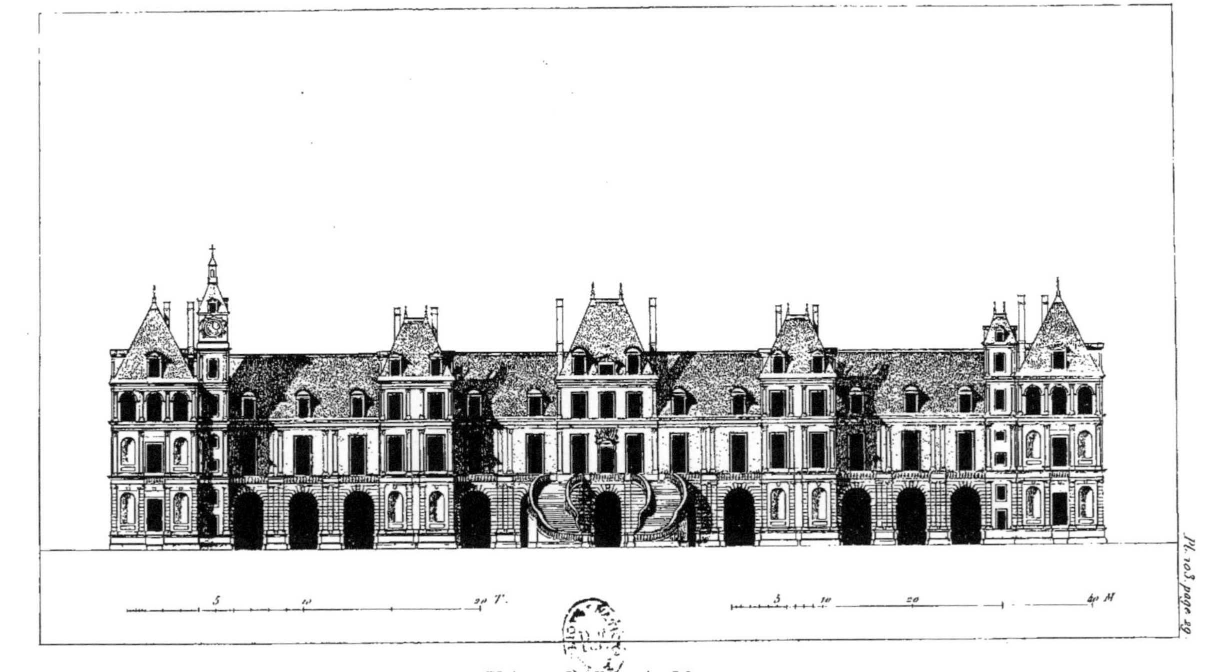

Château de Fontainebleau.
Élévation Principale, sur la Cour du Cheval-blanc.

Vue d'une partie de l'Aqueduc d'Arcueil.

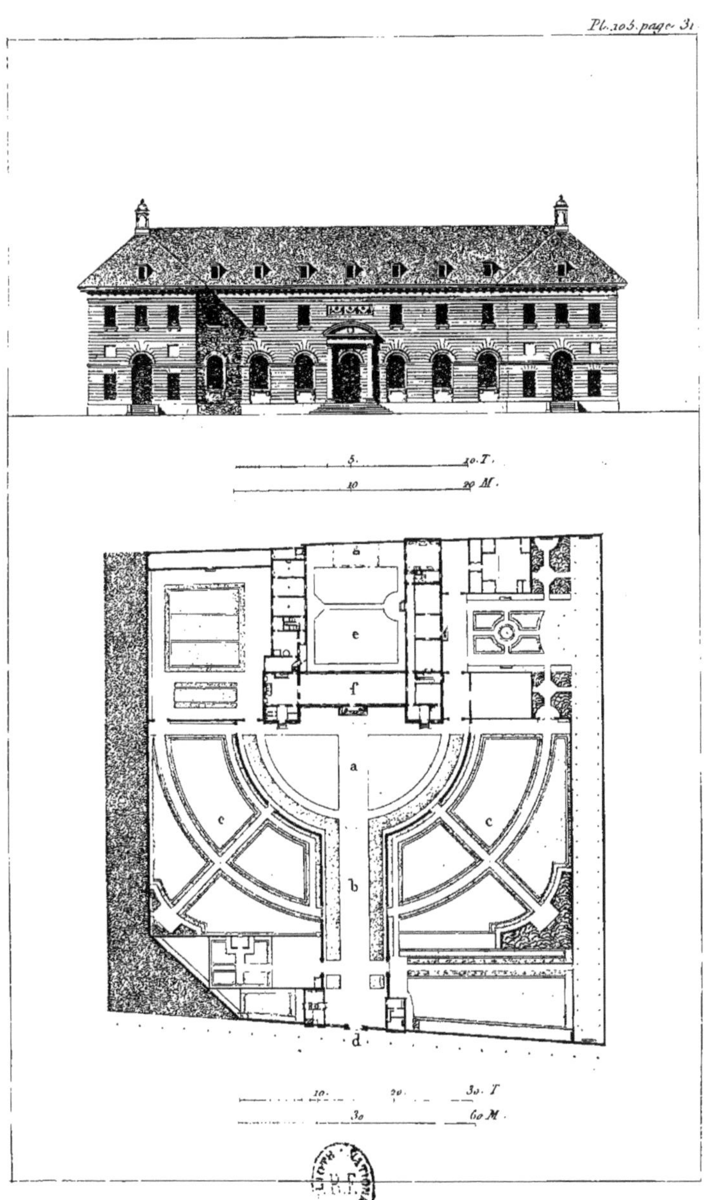

Plan et Élévation, de la Maison de Retraite.
à Montrouge.

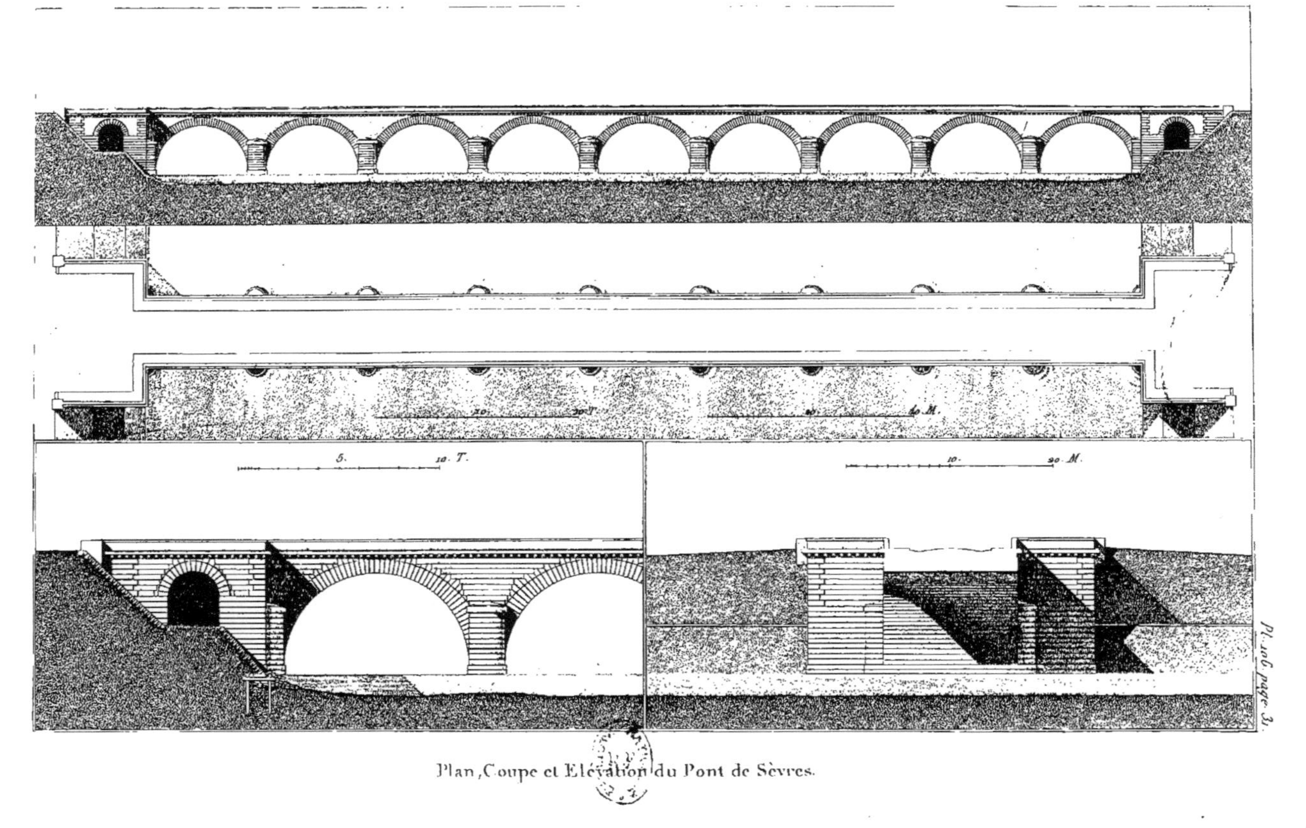

Plan, Coupe et Elévation du Pont de Sèvres.

Baugean del.t et sc.

Pl.106 bis page 31.

Vue du Château, et d'une partie du Bourg de Meudon.

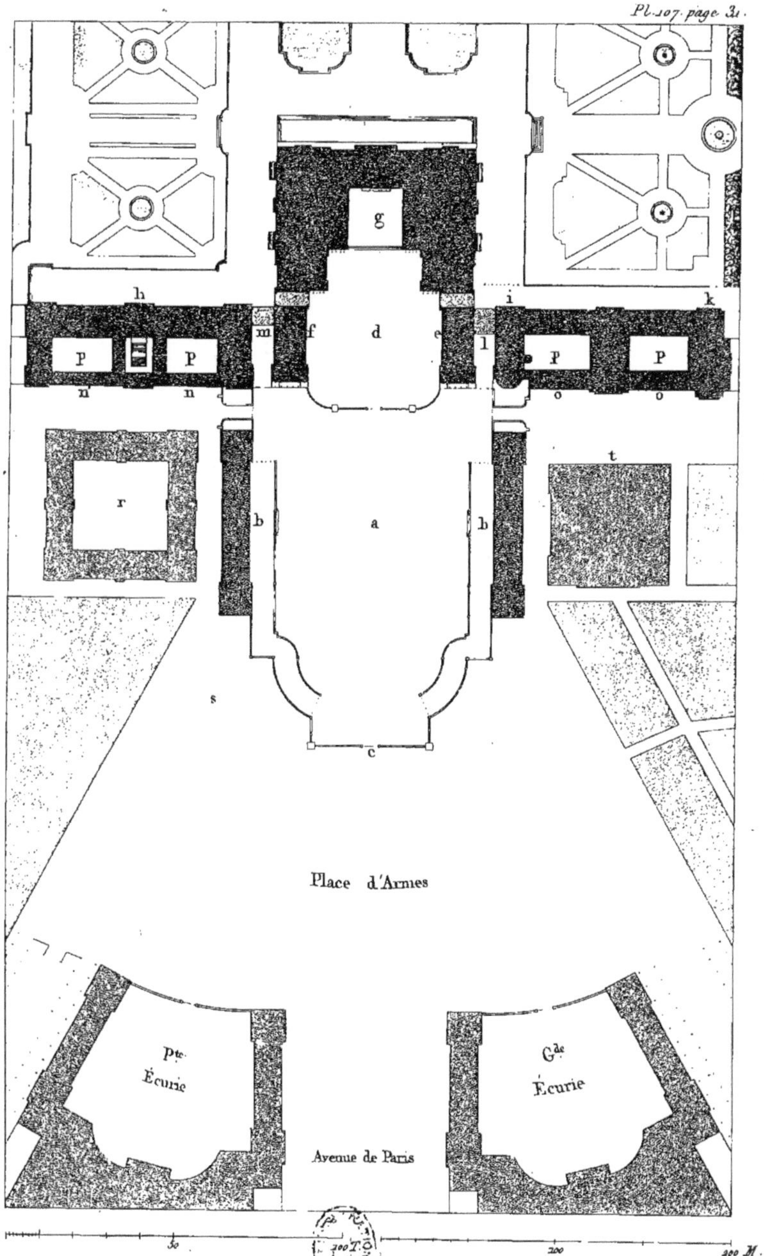

Plan Général du Château de Versailles.

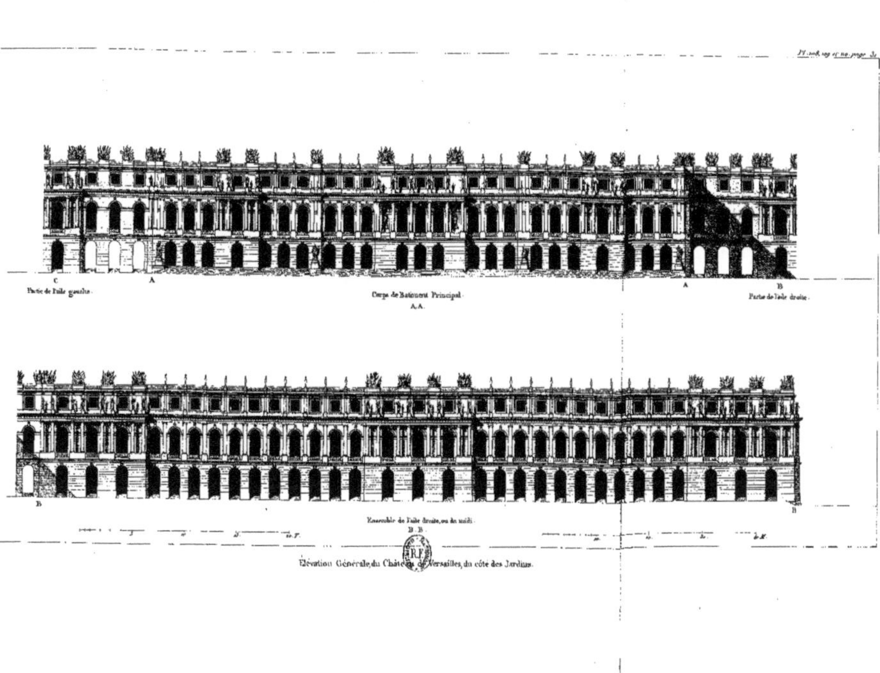

Élévation Générale, du Château de Versailles, du côté des Jardins.

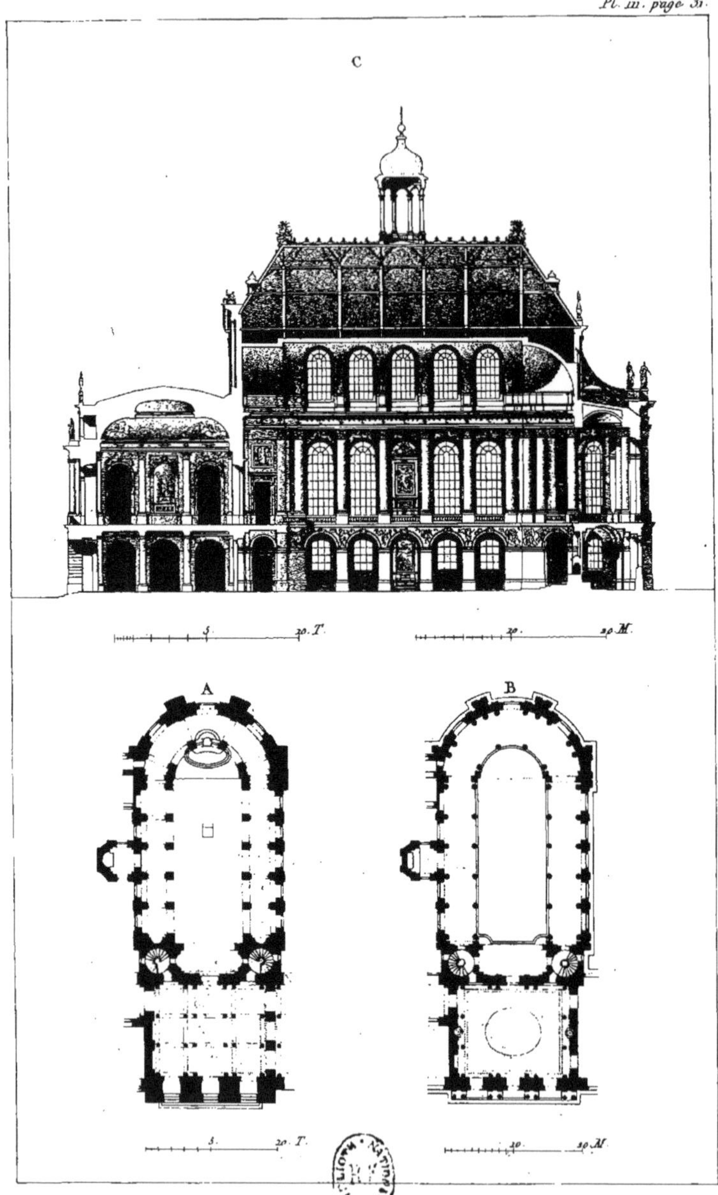

Chapelle du Château de Versailles.

A. Plan au Rez-de-Chaussée. B. Plan au niveau des Tribunes. C. Coupe prise sur la longueur de la Chapelle.

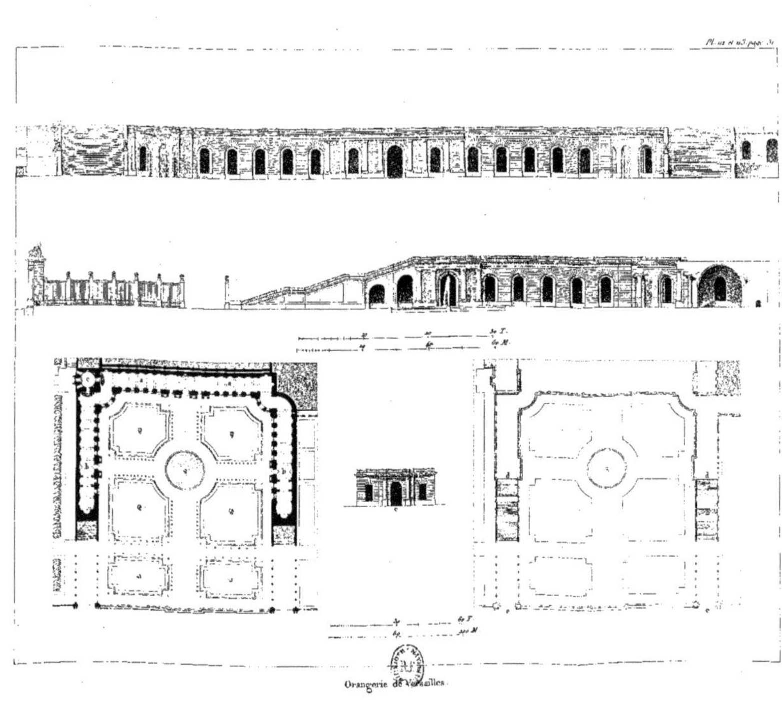

Orangerie de Versailles.

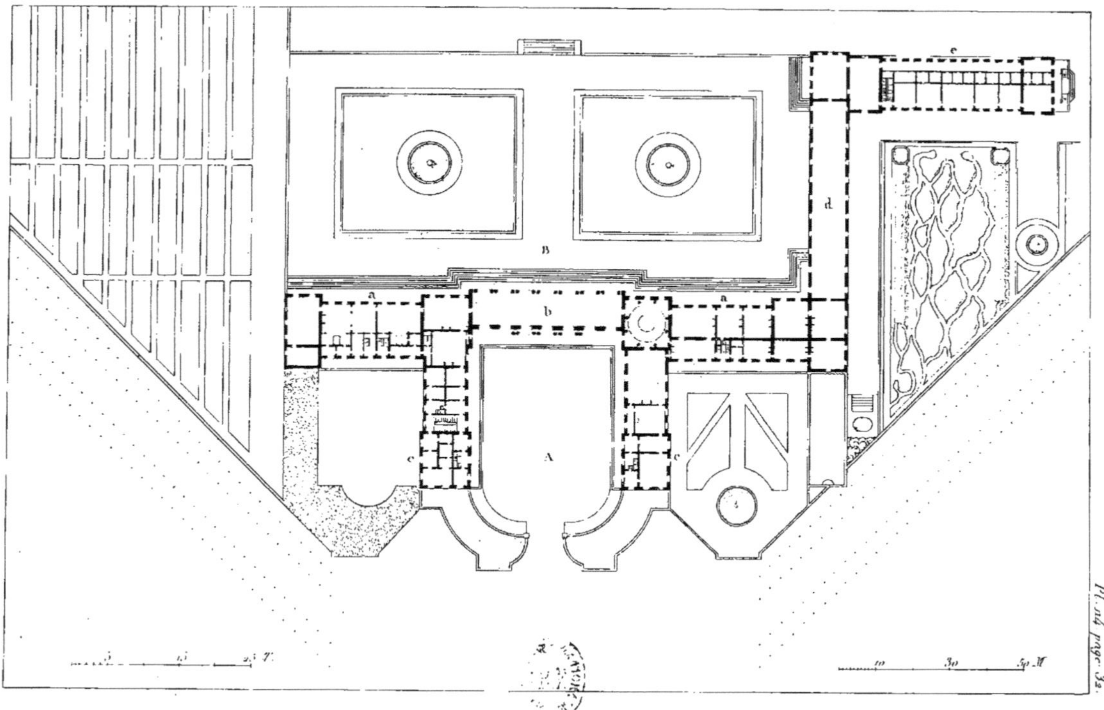

Pl. 114 page 32.

Plan, du Château de Trianon.

Côté de la Cour. A.

Côté du Jardin. B.

Pl. 115. page 32.

Élévations du Château de Trianon.

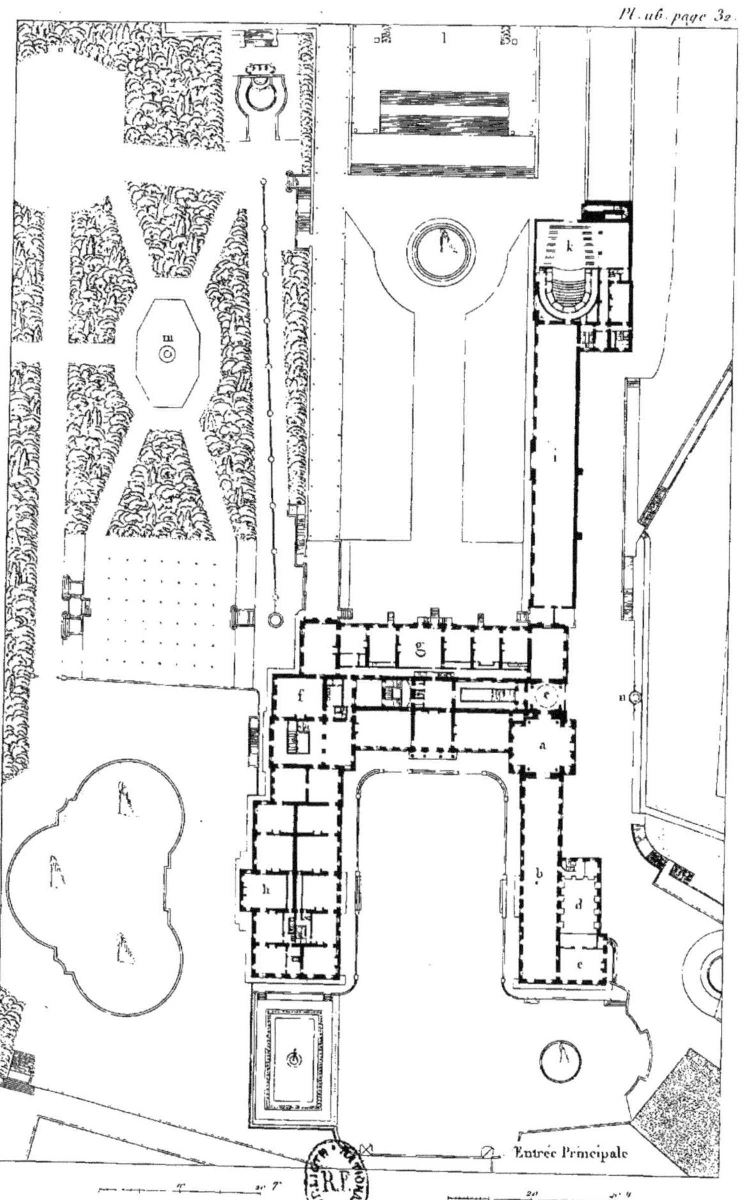

Plan du Château de Saint-Cloud.

Élévation, du Château de Saint-Cloud.
Côté de la Cour.

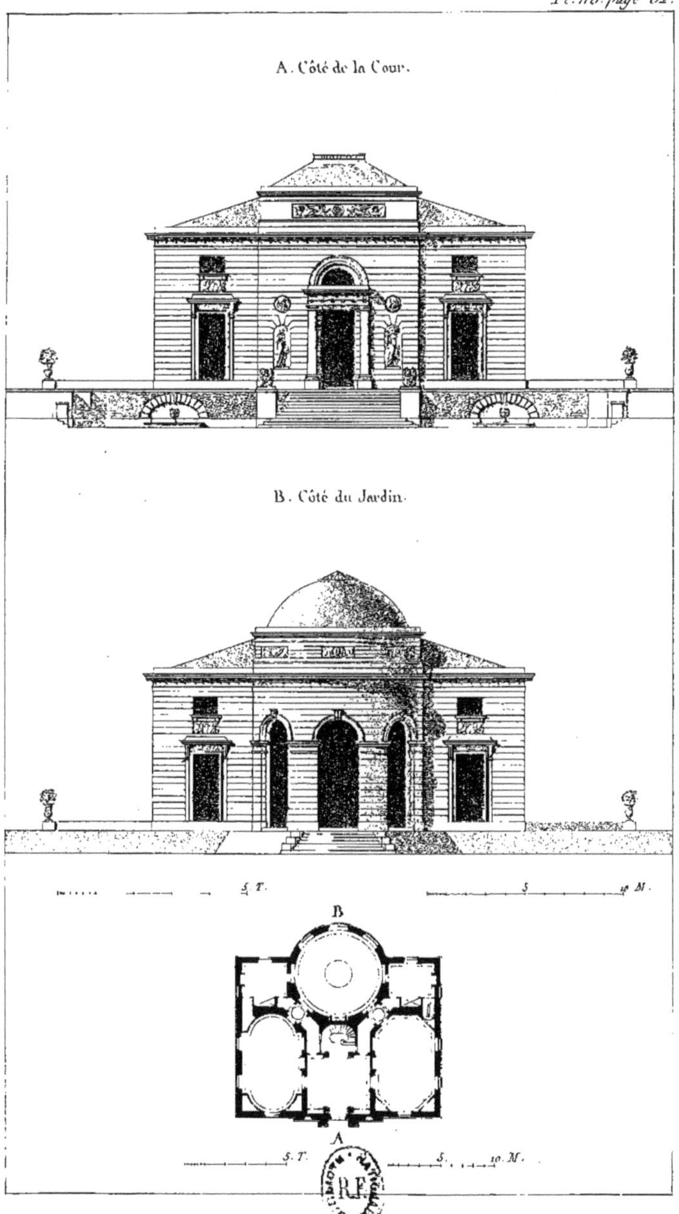

Plan et Élévations, du Pavillon de Bagatelle.

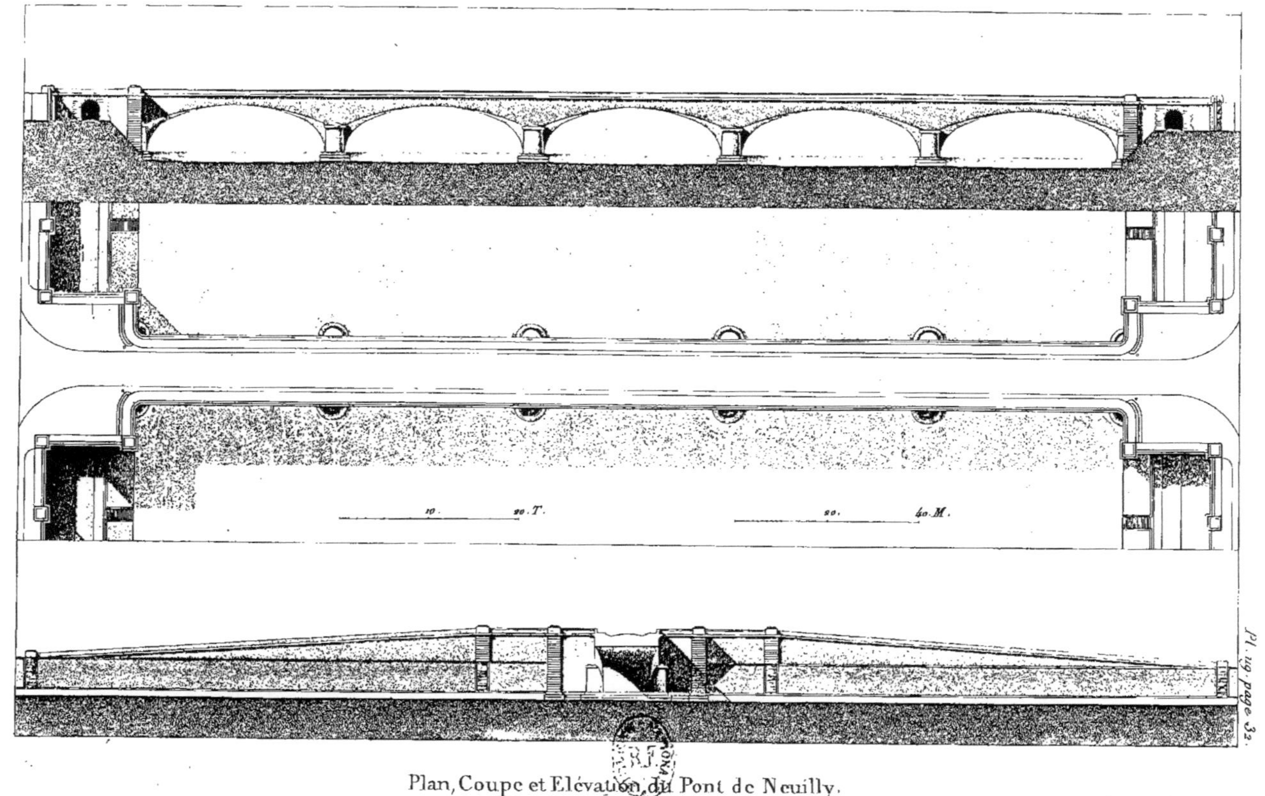

Plan, Coupe et Elévation du Pont de Neuilly.

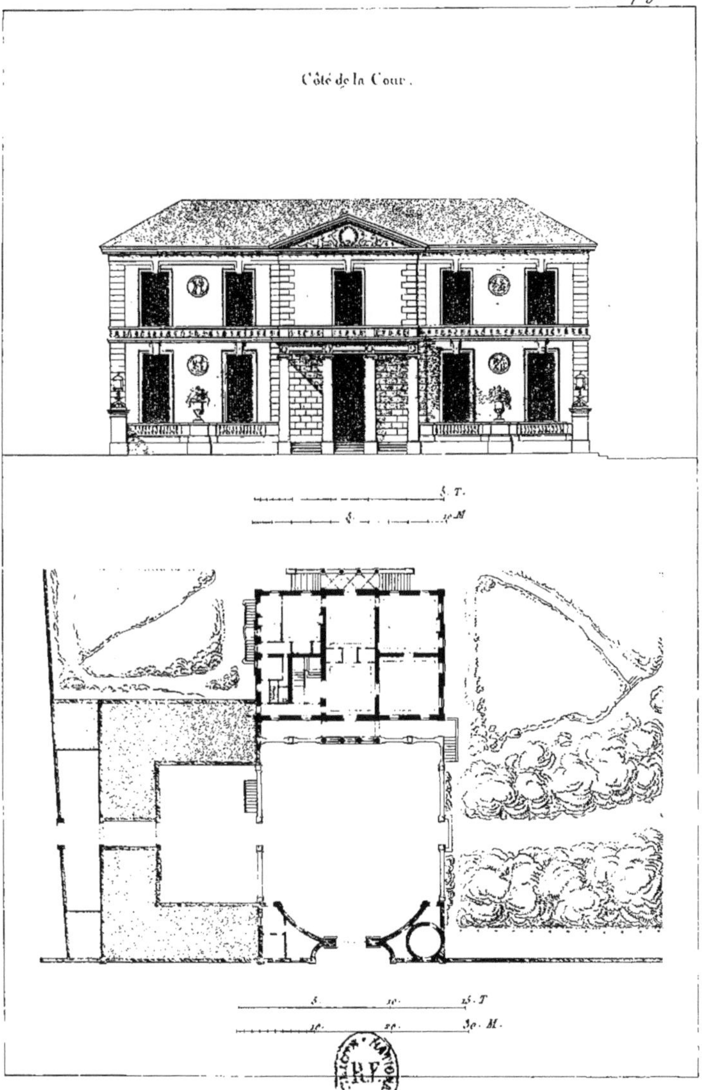

Plan et Élévation, de la Maison Sainte-James.

Elévation du côté de la Terrasse.

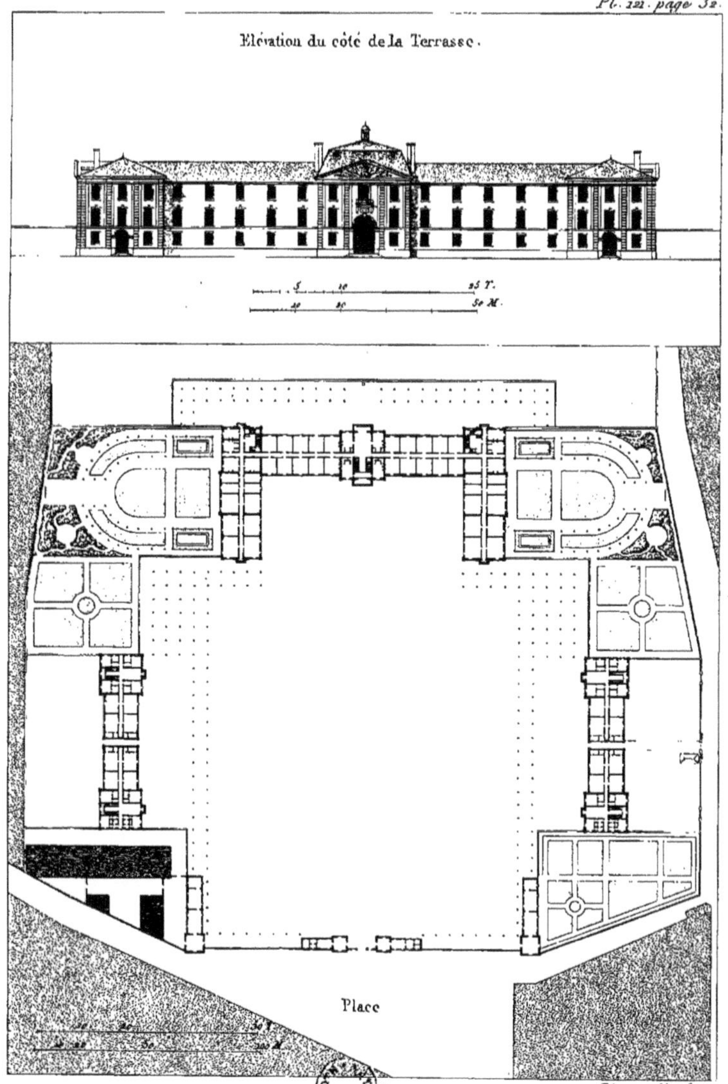

Place

Clémence et Massel sc.

Plan Général, et Elévation de la Caserne d'infanterie, à Courbevoye.

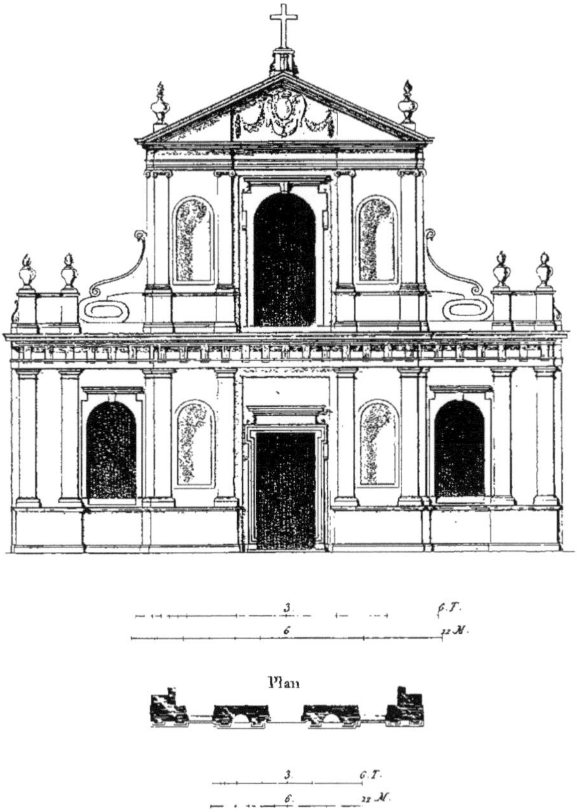

Plan

Elévation de l'Église Paroissiale, de Rucil.

A. Côté de l'entrée.

B. Côté de la Rivière.

5. T.
5   10 M.

B

A

5   10 T.
10   20 M.

Plan et Élévations du Pavillon de Lucienne.

Pl. 124. page 32.

Vue du Château de la Malmaison.

Vue du vieux Château de S.t Germain-en-Laye, du côté du Parc.

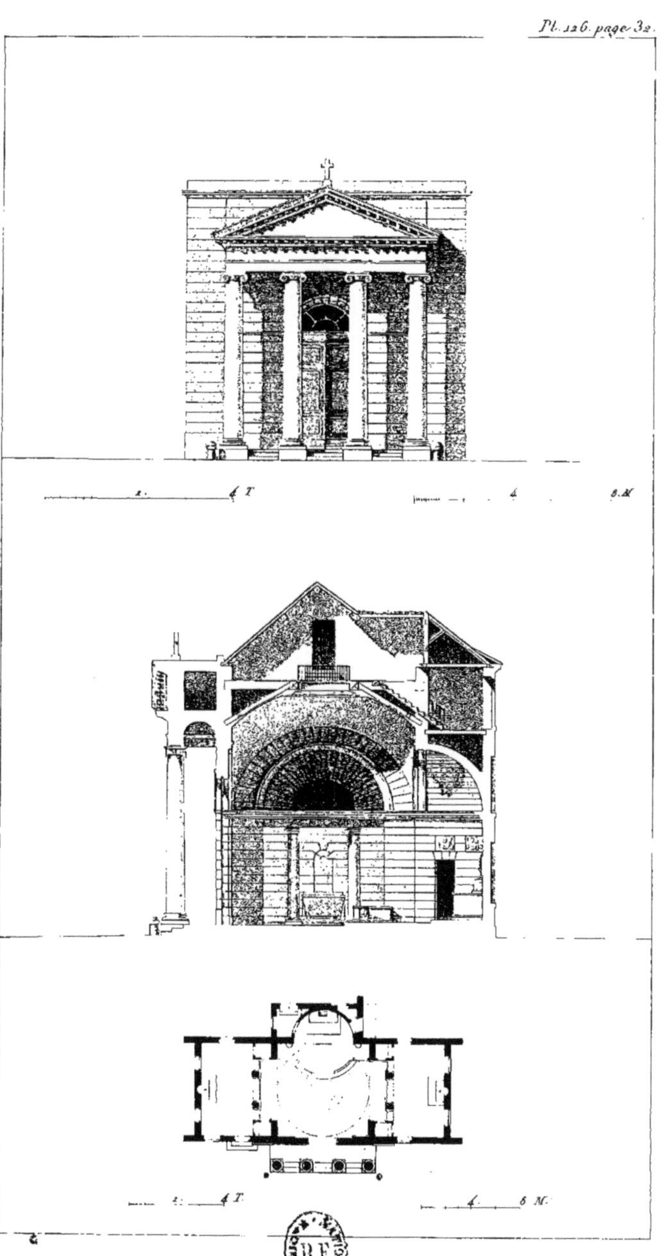

Plan, Coupe, et Élévation
de l'Église de la Communauté, à St Germain-en-Laye.

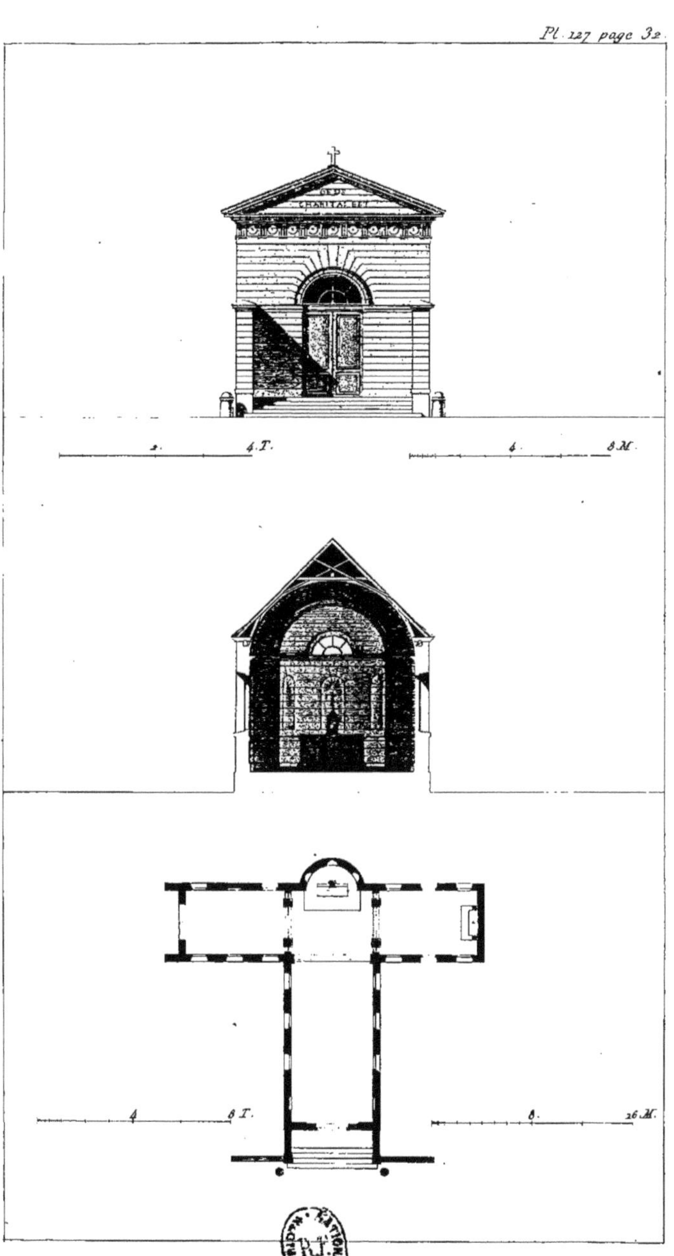

Plan, Coupe, et Elévation.
de l'Eglise de la Charité, à St. Germain-en-Laye.

Côté de la Rivière.

Plan et Élévation du Château de Maisons.